甘肃政法大学“国家治理协同研究科研创新团队”研究成果
国家社科基金一般项目“新时代我国社会政策执行中的自由裁量问题研究”（18BSH144）阶段性成果

新时代中国社会政策执行与创新研究

徐毅成◎著

Research on China's Social Policy Implementation and Innovation in the New Era

·北京·

图书在版编目（CIP）数据

新时代中国社会政策执行与创新研究/徐毅成著
. --北京：中国经济出版社，2020.9（2024.1重印）
ISBN 978-7-5136-6266-6

Ⅰ.①新… Ⅱ.①徐… Ⅲ.①社会政策-研究-中国
Ⅳ.①D601

中国版本图书馆CIP数据核字（2020）第150722号

责任编辑 夏军城
责任印制 马小宾
封面设计 任燕飞工作室

出版发行 中国经济出版社
印 刷 者 三河市同力彩印有限公司
经 销 者 各地新华书店
开 本 710mm×1000mm 1/16
印 张 11.25
字 数 172千字
版 次 2020年9月第1版
印 次 2024年1月第2次
定 价 48.00元
广告经营许可证 京西工商广字第8179号

中国经济出版社 **网址** www.economyph.com **社址** 北京市东城区安定门外大街58号 **邮编** 100011
本版图书如存在印装质量问题，请与本社销售中心联系调换（联系电话：010-57512564）

序言
PREFACE

政策执行研究是公共政策研究的重要环节，目标是使政策在执行过程中不变形、不走样，实现政策目标，是公共政策研究的一项重要任务。实践中，一些政策出现这样那样的问题大多属于政策执行范畴，或者是与政策执行有很大关联。所谓政策执行，就是为了实现政策目标，综合运用各种手段，通过一定方式方法，而将观念形态的政策方案付诸实施的一系列政策活动过程。社会政策隶属于公共政策范畴，同时又具有区别于公共政策的自身属性和特征。公共政策是党和政府实现公共利益合理分配、进行有效公共管理的重要手段，社会政策则是解决社会问题，维护社会和谐稳定、消除排斥、实现公平正义，保障弱势群体及每个社会成员生存权和发展权的重要工具。因此，社会政策执行与公共政策执行二者在政策执行主体、作用客体、目标取向、利益范畴、研究内容等方面均有所不同。

2017年10月18日，中国共产党第十九次全国代表大会上，习近平总书记向大会作了题为《决胜全面建成小康社会，夺取新时代中国特色社会主义伟大胜利》的报告，提出我国现阶段新的历史发展定位——中国特色社会主义进入了新时代。新时代的开启对于社会政策研究和整个社会政策时代都是极大的促进。进入新时代，我们必须以更高、更新、更广的视野来看待本地化发展中存在的各项新旧问题；同时必须不断更新理念、丰富实践、提高能力、拓宽视野、培养格局、创新方法、与时俱进。

从我国改革开放40多年发展历程和十八大以来取得的历史性成就来看，新时代是我们承前启后、继往开来、不断创新、开创新的历史篇章的伟大时代，是改革开放不断深入、社会不断向前、福利不断释放、人民幸福感不断提升的伟大时代。实践发展永无止境，思想创新亦将永无止境，伟大的新时代为我们进一步做好社会政策执行和创新研究提供了最好的素材。

中国共产党第十三次全国代表大会制定了以经济建设为中心，坚持四项基本原则，坚持改革开放的发展策略。改革开放以来，随着时代发展和变迁，在中央和地方政府的各项政策中，逐渐关注以民生为主的社会政策发展，关注和强调以“公平”为核心的经济社会协同发展。纵观我国社会政策体系的发展历程，既是经济体制与社会体制不断交织、不断发展、不断变化的过程，也是政府、市场、社会角色发生转变的过程，更是进一步构建具有中国特色社会政策体系、完善社会保障制度、深入社会治理、构建社会服务的过程。在新时代，尽管面临着新的挑战，但在科学发展观的带领下，我们构建了社会主义和谐社会，建立了覆盖城乡居民社会保障体系，实现了全面建设惠及十几亿人口的小康社会目标。当然，在经济社会发展过程中，难免会出现一些政策执行不到位的问题，但我们逐渐摸索出了一条适合中国国情的发展道路。

邓小平同志曾提出“无论白猫黑猫，抓住老鼠就是好猫”的重要观点，对我国经济社会的发展起到了至关重要的指导作用。政策执行的有效与否事关政策的成败，是关系到亿万人民群众福祉的重中之重。如何更好地实现特定目标，不断增强人民群众的获得感、幸福感、公平感是社会政策执行研究的题中之义。

国外从20世纪60年代开始对政策执行展开研究，积累了大量的理论研究成果，经历三个重要发展时期并形成了相应的发展模式，即自上而下、自下而上和上下整合模式。寻找影响政策执行的主要因素一直是西方政策执行研究领域的核心议题，而政策执行差距分析则推动西方政策执行研究进入繁荣时期，并涌现出大量经典的分析模型。这些研究模型、分析框架及治理路径对于我国进行政策执行研究具有重要的启发和引导意义，可促进我国政策执行研究的理论创新和系统深化。

为了了解我国社会政策执行的情况，笔者从政府关系的角度切入和思考。在政策执行过程中，中央政府和地方政府的互动及信息传递状况会影响政策的执行效果。从地方政府来看，每一项政策的执行都发生在具体的社会情境之中，在特定的社会结构和框架下演进。在这一过程中，地方政府与中央政府相互联系，相互影响。因此，既要注重外部环境，又要重视内生动力；既要考量外部因素，又要挖掘内在潜力。如此，地方政府才能在政策执行过程中积极创新，不断推动政策执行走向成功。从政策执行的结果导向来看，政策规避、政策梗阻早已不能适应新时代的发展模式；在当前的中国社会治理现代化框架下，政策执行创新已进入常态化运行轨道。新时代，从中央到地方，政策执行已经走上了新的更好的发展路径。尽管在政策实践中仍存在一些问题，但这丝毫不影响当前从上到下，从下到上整体性治理理念和创新性执行思维的贯彻落实。

社会政策执行一般会经过不同的政策程序和政策环节。在这一过程中，社会政策执行会受到利益、资源、环境、制度等因素的影响。以社会救助政策为例，政策执行主体之间围绕“目标—手段—结果”进行互动，并产生不同的执行结果。总体来说，社会救助政策的执行效果直接关系政策目标的实现，关系“政府与社会”关系的重新构建，对密切联系群众、传递创新理念、化解社会风险、预防社会危机等具有积极的作用。

新时代社会政策执行与创新，不仅需要执行中的创新，还需要从“创新”环节重新审视政策执行。政策执行和创新不仅关系到每一个个体、企业和地方政府，还关系到社会发展和目标群体的切身利益。对于个体来说，作为政策的目标群体，通过政策执行可体验到实实在在的获得感，从而产生幸福感，满足感。对于企业来说，通过政策执行可得到支持资源，获得发展契机和平台。对于地方政府来说，通过政策执行可取得公众的支持与肯定，获得新的发展机遇。同时，科技的飞速发展并应用于社会政策的执行过程，极大地推动了相关政策领域执行的创新，完善了政策执行创新的理念、方式和机制。这不仅有利于推进社会政策执行和创新，而且有利于提高政策执行质量标准，丰富和完善我国社会政策执行与创新的理论体系，推进国家治理和社会治理现代化。

目录
CONTENTS

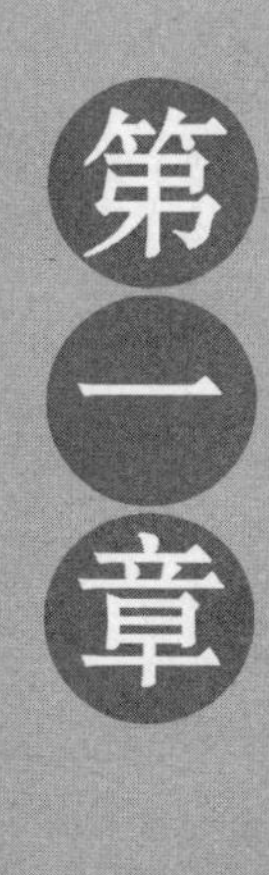

导论

一、研究缘由

（一）研究背景

美国著名管理学家汤姆·皮特斯（Tom Peters）认为，“执行决定了一切，一项政策只有执行到位才体现价值。”[①] 美国公共行政与公共政策领域专家埃里森（Hargrove E. C.）曾说，“在实现政策目标的过程中，方案确定的功能只占10%，而其余90%取决于有效的执行”。[②] 可以说，“执行就是一切”，一项好的政策如果执行不到位则一文不值。在20世纪70年代之前，绝大多数的政策学家都把目光投向了政策制定方面，政策执行问题并没有引起专家学者的重视。一方面政策执行研究一直处于政策科学或公共政策分析的边缘位置；另一方面这一领域的研究者往往对政策制定或规划更感兴趣。学界普遍认为，当政策制定出来以后，只要辅以一定的物力、财力、人力等相关资源，政策就可以执行，目标自然就会达成，可见政策执行在当时并没有引起学界足够的重视。

国外方面对政策执行的关注从20世纪60年代末开始，因为当时政策执行的实践令学界大为失望，甚至有学者提出这是一个让人们“遗漏的环节”。[③] 人们越来越多地发现政策并没有按照人们所预期的那样被贯彻执行下去，正如威尔达夫斯基（Aaron B. Wildavsky）和普雷斯曼（Jeffrey L. Pressman）在20世纪70年代出版的《执行：联邦政府的愿景在奥克兰

---

① ［美］汤姆·皮特斯．追求卓越（第三版）［M］．胡玮珊，译．北京：中信出版社，2012.

② 丁煌．政策执行［J］．中国行政管理，1991（11）．

③ Hargrove E. C. The missing link［M］．Washington，DC：The Urban Institute，1975.

市化为泡影》一书中所言“我们这个世界充满了政策建议，但很多政策建议都破产了”，政策在执行过程中出现了种种变形、扭曲，使政策偏离了既定的目标，出现了所谓的“执行危机”。以此为起点，学术界掀起了一场研究政策执行的热潮，形成了声势浩大的“执行运动”。威尔达夫斯基和普雷斯曼在书中写道“奥克兰计划”的落空并不是这项政策在内容上存在政治争论，也不是因为财力资源的不充分，而在于这项政策在执行方式上出现了问题。作者在书中进一步论述，“要想改变政策科学停留在理论层面的问题，就必须要重视政策执行的问题，使政策科学成为行动的科学。同时，要在政策制定与政策执行之间建立密切的联系”。[①] 然而在复杂的理论中建构一套完整的政策执行模式似乎是不可能的，这时埃尔默（Elmore）指出，“没有一种模式可以简单地描述清楚执行过程中完整的复杂性”。[②]

从20世纪70年代开始，西方国家在政策执行领域展开广泛研究，形成了三个重要发展阶段。

第一阶段：该阶段侧重研究政策执行的具体个案以及实务范围，以自上而下的执行路径为主，主要研究者为普雷斯曼与威尔达夫斯基。大约到20世纪70年代末期，以1973年普雷斯曼和威尔达夫斯基的研究为发端构成了被后来学者一致称为“执行研究第一代”的阶段。也就是以中央政府制定的政策作为出发点，遵循一种简单的“中央出政策”与“地方去执行”的二分法，这个阶段的研究成果确定了政策执行与政策目标之间并不是一种线性的、简单的关系，强调了政策执行的复杂性，研究结果对于进一步开启政策执行研究具有开拓和启蒙意义，一定层面上拓宽了研究视域。

第二阶段：该阶段主要是对第一阶段研究结论进行批判和延伸，研究方向更加侧重理论分析和模型框架的建构，代表者为艾德华兹（George C. Edwards Ⅲ）、萨巴蒂尔（Paul Sabatier）、利普斯基（Michael Lipsky）以及霍恩（C. E. Van Horn）和米特（D. S. Van Meter）。20世纪70年代末

① Jeffrey L. Pressman，Aaron B. Wildavsky. Implementation：How great expectation in washington are dashed in Oakland［M］. Berkley：University of California Press，1973.

② 李允杰，丘昌泰. 政策执行与评估［M］. 北京：北京大学出版社，2008.

80 年代初，在批判与借鉴的基础上，学者们的研究路径倾向于从下而上的研究，同时强调政策制定的重要性，注重政策制定与政策执行的互动以及政策执行者与政策制定者之间的协调与合作。之所以选择自下而上的研究路径，是因为研究者们认为，通过对政策执行的深入研究和实践观察发现，政策的实际执行过程不仅是一个自上而下的管控过程，还是一个复杂、多变、由多方行动者互动构成的反复协调和讨价还价的过程。赫恩和波特认为，“在现代社会多元组织并存的背景下，许多重要的公共服务或政策都是由公共机构、私人组织和各种社会团体合作实施的，在这种复杂的关系结构中，没有一个单一的组织或行动者掌握执行政策所需的全部资源，政策的执行需要众多相关组织和行动者的共同协作”。由此，他们提出了“执行结构”概念。“执行结构是政策涉及的各种组织通过公共政策纽带而发展出的一种相互依赖的结构性联系。”① “执行结构不仅是现代政策执行的基本分析单位，也是决定政策能否成功执行的核心因素，它内部的相互依赖关系使得政策执行不再是单一机构贯彻政策目标的活动，而是多元行动者的复杂互动，政策能否有效执行，取决于行动者之间相互谈判、妥协乃至达成共识的过程。”② 基于此，大家主张在政策链条中应当把基层政府作为观察和分析政策执行的基点，不应当只重视上层政府制定出来的政策，而应当从基层实际入手思考存在的问题和解决问题的路径。

第三阶段：该阶段学者们主要分析了前两个阶段研究存在的问题，在这些问题的基础上提出了整合的思路和框架。整合型研究框架更加强调了政府机关内部之间的网络结构和性质，从政策执行机关的网络结构可以看出，既有垂直方向的，也有水平方向的。垂直方向的网络结构更强调政府之间的上传下达和相互协调，水平方向的网络结构则更强调政府以外的社会民间组织的伙伴关系。

从三个阶段来看，西方政策执行研究出现了很多范式与方法的争论，黑尧客观分析和评论了两种模式，并作了如下结论：“如果考察一个具有明显是由‘高层’发布、目标明确的行动，运用‘自上而下模式’来进行

① Hjern，B.，Porter D. O. Implementation structures：A new unit of administrative analysis［J］. Organization Studies，1981（3）.

② 李允杰，丘昌泰．政策执行与评估［M］. 北京：北京大学出版社，2008.

分析，并使用‘执行亏空’这样的概念，尤其是当输出可以量化，明确的输入也可以度量时是恰当的……然而，政策过程中的许多活动并非都具有这种明晰性，甚至在撒切尔时代的英国，也能够发现这样的案例，在这些复杂的案例中，中央的目标并不是这样明确，或者中央的政策目标应该带着怀疑的态度去接受……另外在一个政策过程中，有的政策变迁有可能不是由上级政府所创制，有的政策变迁也许难以自上而下贯彻到‘底层’……从方法论的角度看，在这种情况下，就有充分的理由不从高层执行活动的影响来开始进行研究。”① 通过这些相关文献的回顾与分析，我们可以看出，虽然对于采取“自上而下”还是“自下而上”模式没有形成一致的意见，但是对于政策科学的研究却起到了积极的推进作用，同时进一步拓展了政策科学的研究范围，将以往忽视的执行环节纳入政策科学的视野。

从 20 世纪 70 年代中后期开始，在政策执行理论的研究上，“执行运动”的倡导者和跟随者相继提出了许多理论，如演变型理论、管理型理论、系统型理论、组织型理论、行动型理论等，试图在影响政策执行的各因素中寻求答案。到了 20 世纪 70 年代末期，政策研究者根据不同的影响因素，从不同的研究角度对政策执行进行研究并建构执行模型，其中比较有影响且具有代表性的模型有：史密斯（T. B. Smith）的过程模型、麦克拉夫林（M. Mclaughlin）的互动模型、巴德克（E. Bardach）的博弈模型、雷恩（Martin Ryan）和拉宾诺维茨（RabinoVitz）提出的循环模型、米特和霍恩提出的系统模型、萨巴蒂尔（Paul A. Sabatier）和马兹曼尼安（D. Mazmania）提出的综合模型。② 更多的研究者注重政策执行过程中的其他因素变量，更加强调政府在政策执行中的具体情况，研究的宗旨集中在总结政策执行过程中所面临的困难和问题方面。

自 20 世纪 80 年代后期至今，国外出现了一大批专门研究中国政策执行问题的著作。如美国学者米歇尔·弗（Michael Franz Roehrig）所著的《政府政策与中外合资运作——当代中国地方政府的交易角色》，菲利普·苏（Szue-Chin Philip Hsu）所著的《中国分权体制下的政策执行》，戴伟德·M.

---

① ［英］米切尔·黑尧．现代国家的政策过程［M］．赵成根，译．北京：中国青年出版社，2004.

② 陈振明．政策科学［M］．北京：中国人民大学出版社，2003.

兰普顿（David M. Lampton）编著的《毛泽东之后中国的政策执行》等。①

总之，国外学者的理论研究已经相当成熟并在进一步完善中，对我国而言虽然有一定参考价值，但是由于这些理论学者所处的时代、环境、背景与我国大不相同，国外学者采用的研究方法和立场与我们也有很大的差别，他们的理论研究成果并不能解决我们的实际问题。因此，我们有必要在借鉴和吸收国外优秀理论成果的基础上，结合我国的国情，根据实际问题、环境和所处的时代来研究。

我国关于社会政策执行的研究，还得从社会政策的产生与发展说起。关信平教授作为最早涉猎和研究社会政策的学者之一，他在2008年撰文指出，“从20世纪50年代起，我国逐步形成了适应社会主义公有制和计划经济体制的社会政策体系，虽然没有使用‘社会政策’的概念，但确实建立起了通过国家计划体系制定和实施的社会政策体系。其主要特点是社会政策体制与经济体制较高重合，各类制度互补共存，同时担当经济发展和社会保护的任务”。② 总体而言，在计划经济条件下，社会政策属于经济体制的一部分，没有相对独立的地位，充其量只是作为经济政策的一种必要的补充或配套措施。③ 社会政策是为了解决特定的社会问题而制定的，一项社会政策的制定需要集合各个环节和因素去考量、判断、均衡，从而对问题进行准确的把握和分析。但是要解决已经出现的问题，实现某项政策特定的或者预想的政策安排和结果，则需要政策的有效贯彻或者说有效的政策执行。

总体上看，从1978年到20世纪90年代中期，我国一直注重于经济政策方面，对社会政策的重视不够，政策执行效率有待提升。从我国地方政府政策执行程序来看，我国地方政府政策执行的过程一般要经过两大阶段。第一阶段是试点。在政策执行过程中首先要经过试点，试点成为政策执行的一种方法和工具。在改革开放过程中，我国在各项政策的执行过程中十分重视试点的重要参考价值，可以说“试点”是我国的一项历史创

---

① 刘广义．政策执行中的政策规避现象研究［D］．黑龙江大学，2010．

② 关信平．改革开放30年中国社会政策的改革与发展［J］．甘肃社会科学，2008（5）．

③ 李迎生．转型时期的社会政策：问题与选择［M］．北京：中国人民大学出版社，2007．

新，是政策执行史上的一个伟大创造。邓小平同志曾指出："体制改革方案的实施，要做到方法细密，步骤稳妥，就应先进行试点，最好先搞一两个部门，有些什么典型经验，有些什么反应，有些什么问题，跟大家见见面，这样别的部门进行起来就心中有数，事情好办。"① 试点方法作为我国政策执行的一种普遍性方法得到了广泛应用。有学者认为，"我国地方政策执行是在中央政府监控下自主进行的，一般采用'先试点''后推广'的执行程序，可以简要地概括为中央政府监控下的'点—面'模式。"② 地方政策试点的目的在于"取得经验"，以便做到执行中"心中有数"：只有经过试点，才能发现政策执行中的问题，从而总结经验，进而全国推广或者普遍执行。一项政策是否达到预期执行效果，要经过"试点"的检验。只有通过"试点"进入全面推广阶段，才是社会政策真正执行的时候。

20 世纪 80 年代中国社会政策全面发展，面对经济体制改革和对外开放的大背景，由于经济体制改革所带来的制度不协调问题提到改革议题上来。同时，对"试点"的经验问题进行总结，对各项社会政策进行细化和补充，我国颁布了有关政策执行的各项法律法规和条文。目前，我国在教育政策、住房政策、社会救助、医疗卫生服务、社会保险、青少年、老人、妇女儿童的福利、社区与非营利组织等社会政策领域都有了长足发展，但是社会政策研究尚处在初级阶段。

市场化的改革和转型使中央政府与地方政府的关系成为改革重点，改革开放之后，地方政府和各部门机构成为实现政策目标的重要主体，地方政府成了推动我国经济高速发展的重要力量。针对社会经济体制的转型，中央政府需要和地方政府共同推动政策的执行，因而政策执行的不确定性有所增加，科学治理提上议事日程。

市场经济在促进社会经济繁荣发展的同时，也带来一些社会问题，新情况、新问题不断出现，迫切需要我们做出正确的决策。一方面，改革过程中出现秩序失范和贪污腐败等问题，一些政策在执行过程中表面上符合政策要求，实际执行过程中却偏离甚至歪曲，与政策目标背道而驰；另一

① 中共中央文献编辑委员会编．邓小平文选［M］．北京：人民出版社，1993.

② 刘东汶，胡象明．政策科学的发展与学科建设［J］．经济研究参考，1996（6）．

方面，政策执行主体在政策执行过程中以自身利益为计，不从长远角度考虑，机械执行或者“断章取义、为我所用”，符合其利益的就执行，不符合的就不执行。有的在原政策基础上规划设计，打着结合地方实际的旗号另搞一套，自行其是，牟取私利。在这种情况下就有可能导致政策执行越轨，非但不能解决社会问题，反而会加剧社会问题。

此外，一些“土政策”应运而生。“所谓‘土政策’就是地方或组织根据上级的方针政策或自身需要，结合本地区和组织的实际状况及利益而制定的一套灵活、可变、可操作的社会资源控制与分配准则，但这些准则对其他地方和组织没有效果。”[①] 翟学伟教授对“土政策”现象进行了解释和概括，并进一步指出“土政策”体现了一种非规范化但具有一定的“制度”内涵。翟学伟教授所认为的普遍主义与特殊主义的融合，即“土政策”既包含了对上级政府政策的执行，也有新执行方案的制定；既考虑了中央政府的政策方针，也考虑了地方政府的利益需求，并进行了政策再制定，是决策者根据上级指示和本地情况而对社会资源重新加以控制和分配。通过对“土政策”功能的分析进一步解释了一点，即“它是最高一层的方针与政策在地方上的具体化和可操作化，其制定的起因通常是为了与高层次的政策相适应，更好地指导与调整地方或组织内部的利益需要，具有引导、改善和维护当地或组织成员工作与生活的作用；对个体的行为具有一定程度的规范作用，以调动他们的积极性；弥补法规和政策的不足”[②]。这说明“土政策”是当前中央地方政府关系的特殊产物，印证了政策执行与创新的重要意义。

地方政府在执行中央政府的决策和相关政策时，由于受当地资源禀赋、经济发展程度、社会环境等多重因素的制约和影响，根据自身的利益和其他因素将中央政府的政策进行“再界定”或者“再决策”，既继续执行了中央政府的政策，同时又采取了积极措施应对和满足自身利益并最终实现政策目标。可以说，正是这种政策执行的创新，使我们的很多政策得到了很好的贯彻，取得了政策预期效果。因此，研究社会政策的执行和创

① 翟学伟．“土政策”的功能分析——从普遍主义到特殊主义［J］．社会学研究，1997（3）．

② 翟学伟．“土政策”的功能分析——从普遍主义到特殊主义［J］．社会学研究，1997（3）．

新很重要，不仅具有现实意义，还具有重要的学术价值。

（二）研究意义

1. 现实意义

第一，有利于实现政府的目标。从某种程度上讲，我们制定政策的初衷就是为了实现政策的目标，政策执行是政策过程的中介环节，是将政策目标转化为现实的唯一路径。作为一个动态过程，政策执行需要组合各主体要素，采取合理行动。既要合理制定规则，又要达成共识；同时，需扮演好协调、领导、控制等角色，采取适当的自由裁量权，以期达成某种特殊的政策目标。聚焦或者强化政策执行的问题，便于更好地把握和理解由一系列相互影响与促进的环节所构成的有机体系，有助于理解和升华政策执行过程中各环节之间的联系，重塑并整合了所有因素的耦合关系，是保障政策有效执行并顺利达成政策目标的一种重要组织结构和“装置”。

第二，有利于提升和激发政策活力。党的十八届五中全会指出，“坚持创新发展，必须把创新摆在国家发展全局的核心位置”。以创新为驱动引领实现社会的全面进步，需要在理论与实践两方面进行创新。政策活力的释放与展现既体现了政党的智慧，又是政府智库与相关组织发展性、创造性活动的结晶。政策引领是地方政府和组织长期以来政策执行与相关活动的指南，也是贯穿政策过程的基本环节。无论是对于政府政策执行活动的总结，还是未来相关政策活动的执行，都需要特别强调“政策活力”。政策活力不仅有助于丰富完善发展政府的制度建设，还将进一步展示和体现国家、政党及政府的自信心与成熟度。

第三，有利于提高和促进政府效能。提高和促进政府效能是一个老生常谈的话题，要解决好政策执行抑或“塔西佗陷阱”问题，必须切实抓住执行环节，形成对行政执行主体的激励和约束机制，形成“不敢腐的惩戒机制、不能腐的防范机制、不易腐的保障机制”，形成促进行政执行主体管理创新的机制等。同时，政策执行结果的好与坏是衡量政策目标、社会利益和社会公平公正的主要方式，关系到政策目标和社会群体利益的实现问题，进而关系到政府的形象和权威性。十九大报告指明，“中国特色社会主义进入了新时代”，在政治经济文化等各领域的开放范围不断扩展，社会价值导向也更加注重公平、发展与服务。因此，创新政策执行机制，有利于改进政府行政行为、提高政府行政效能。

第四，有利于促进政府治理与创新。政府治理是一项长期并将延续发展下去的政策输出过程和社会必需品。当然，从“管控型”政府到“服务型”政府，政府治理理念及政府行为发生了一系列转变和升级。政府治理并非一个封闭的体系，而是与社会大系统不断进行能量的“输入”和“输出”，从而达到平衡的一个开放体系。政府治理需要从社会中获取所需的资源供给以及必要的社会支持，从而有效转化为政策和政策执行的输出。同时，推进治理体系和治理能力现代化是关系党、国家、人民的重大问题，政府治理需要不断调适以适应外在环境的变化，从而与时俱进，求新求变。发达国家的政府改革历程说明政府改革和治理需要创新，需要引入政府以外更为先进的经验和体制机制；摒弃不合时宜的、传统的、僵化的、不灵活的执行机制，代之以顺应时代取向的、互动的、合作的、可调谐的执行机制；从而更好地推进协调政府、社会、公民之间的关系，推动政策执行的本土化研究，分解政策执行中的不利因素，达到政策执行目标。同时对于政府部门而言，公民个人的独立性和自由权利能够更好地协调各级政府、部门、组织和地方、部门与部门的关系，对于加强政策学习具有积极示范作用。

2. 理论意义

第一，探讨社会政策执行规律的理论。政策能否成功执行，不仅取决于执行资源的多少、执行主体是否尽职尽责、执行对象是否接受、执行组织是否行动有效，还取决于执行的方式是否科学。通过观察执行过程中地方政府之间是如何进行学习、竞争、竞赛抑或是变通的，综合考察中央政府与地方政府间的关系会发现，传统意义上，一般由中央政府制定政策，地方政府负责执行。但是政策执行过程不仅仅是地方政府被动执行的过程，过程中还伴有中央政府的监督，是双方通过协调、互动、合作达致合理有序的过程。一般情况下，地方政府是执行主体，执行过程中地方政府可能会因为自身利益结构导致执行不到位的现象，也有可能执行非常到位且推动当地经济社会繁荣的发展。因此，探索新时代社会政策执行有赖于一个更加系统、整体、全面的分析框架。故需在梳理既有研究基础之上，结合社会政策执行实践，运用政策执行系统模型、政策执行过程模型和政策执行调适模型，更好地揭示社会政策执行规律。

第二，探讨中国社会政策的创新。虽然我国社会政策是依附经济政策逐渐成长和发展起来的，但是这丝毫没有影响社会政策发挥作用。随着社会的发展，社会政策日益成为政府、市场和社会之间的纽带，在向后工业社会、风险社会以及大数据时代转型过程中，社会政策对于维护社会价值理念、维持社会秩序、提升社会服务水平、增强社会公平、动员社会力量、壮大社会组织等方面发挥着重要作用。我国社会政策执行已经不是执行阻滞的问题了，而是政策执行过程中的创新与创新程度的问题了，这对于新时代社会政策的执行和发展具有重要的理论指导意义。

二、研究综述

（一）有关政策执行研究综述

1. 国外学者对政治体制的研究

国外学者对于央地集权与分权方面的研究是十分丰富和全面的。美国学者莱斯利·里普森（Leslie Lipson）认为，“在市场经济趋势和全球化条件下应该以经济为视角提出调整中央与地方关系的必要性”。[①] 美国当代政治学家萨缪尔·亨廷顿（Samuel P. Huntington）在其《变革社会中的政治秩序》一书中提出：“现代化已经渗透到政治领域，通过政治的现代化发展使中央政府的权力不能被地方政府权力所影响，并且要将权力集中在国家的立法机关手中。”[②]

西方政党和国家主要依据国家结构和央地政府间权力分配来划分，一般划分为三种模式：单一分权、单一集权和联邦分权模式。

联邦分权模式以美国最具代表性。美国独立后至南北战争前，地方分权制度得到了较为充分的施行。18 世纪 90 年代，美国由邦联制逐渐过渡

① ［美］莱斯利·里普森．政治的重大问题：政治学导论［M］．北京：华夏出版社，2001.
② ［美］萨缪尔·亨廷顿．变革社会中的政治秩序［M］．北京：华夏出版社，1988.

到联邦制，其间，相关规定和政策在完善过程中遇到很多阻力。首先是双重联邦制，“因为这种制度的特征是联邦与州政府在权力上是平行的，各司其职，相互不能干涉，在各自范围和体系内做好所属工作”。① 美国共有 50 个州，美国地方政府是指州以下政府，州政府不在其中。在管理方面，对于地方性事务，由地方自治体管理；对于全州性问题，如公共安全、打击犯罪、公共卫生、交通管理、一般性公民福利等，均由州政府管理。具体为：第一，中央政府与地方政府权力范围法律化；第二，权力结构属于分权协作模式，即中央与地方共同处理权限内事务；第三，中央与地方政府权力在变化和调整过程中出现双重扩张，就是说，在中央政府权力扩张的同时，地方政府的权力也在不断扩张和增加。

单一集权模式以法国为代表。法国属于传统意义上的集权制国家，这种集权最早起源于法国大革命时期，拿破仑上台后得以确定。“拿破仑推行‘地方行政首长管理制度’，取消了地方的选举和自治行为，由中央政府统管地方政府。直到 19 世纪 50 年代，地方政府要求民主选举，并且这种呼声越来越明显，从而出现了明显的中央与地方的分界。这种界限并没有削减中央政府对地方政府的控制，反而加剧了集权的程度和控制的层面。”② 密特朗（Francois Mitterrand）执政以后，法国境内掀起了一场分权化改革运动，国民议会讨论并通过 210 多项分权化改革法案，同时颁布了一批新的行政规定，并于 5 年后举行了各个选区议会的普选活动，1992 年通过了《共和国地方行政法》。这项法案的核心是：第一，明确了中央与地方之间的委托代理关系；第二，中央通过行政监督和司法监督两种形式对地方政府部门和组织活动进行监督；第三，提高了地方政府在行政、财政、法律方面的权力和地位，从而使地方政府的分权改革经历了一个发展时期。在这一阶段，地方政府通过分权想要达到的目标就是民主、自由和效率。

单一分权模式以英国最为典型。英国是议会制政体，中央政府要向议会负责，中央政府主要通过特设的部门对地方政府进行监督、控制和指

① 林尚立. 国内政府间关系［M］. 杭州：浙江人民出版社，1998.

② 杨小云. 西方国家协调中央与地方关系的几种模式及启示［J］. 政治学研究，1999（2）.

导。在英国，议会和中央政府共同管理地方政府部门和行政人员。

英国的现代体系结构大致形成于19世纪，随着工业化进程和现代化发展而逐步完善。20世纪60年代左右，英国政府先后出台多部关于地方政府的法律法规，确定了地方政府的选举制度，并将原有的郡一级议会权力转移到城市区一级的议会行使。从实践来看，真正能够经常、有效地监督控制地方政府的是中央行政机关，其主要监督控制方式包括：制定行政法规和规章；批准单行法规、计划和命令；行使任职同意权；审计监督。财政控制，这是中央政府对地方政府进行监督的最重要方式。例如，限制地方税税率（地方税封顶）；限制地方政府的经常性支出和固定资产投资支出总额；审批地方政府的长期贷款；确定地方政府的具体补助金额。在这些措施和手段当中，以确定的金额进行补助最为有效。因为地方政府的总收入有一半左右来自中央政府的补助金，地方财政对补助金依赖极大。① 需要指出的是，英国地方政府在行使各种自主权时，虽然会受到中央政府的制约，但在实践中，中央政府对地方政府传统的实施权限和方式，一般会持尊重态度。即使为了提高效率必须进行改革，中央政府对地方政府的传统安排，总要给予足够的注意并做出妥善处理。②

现代西方国家在处理中央政府与地方政府关系问题上已经比较完善和成熟，但也存在一些棘手的问题。问题主要为：第一，集、分权平衡难以在现实中实现，矛盾普遍存在；第二，中央政府与地方政府在如何运用财政方面关系一直处于紧张状态。21世纪以来，西方国家中央政府与地方政府关系的发展趋势大致为：首先，中央政府与地方政府集、分权同时存在。为了更好地服务文化和教育等社会事务，中央政府应当向地方政府分权；但是随着现代化步伐的加快，人类利用科技过度开发和利用各种资源，虽然获得了大量利益和财富，但破坏了自然环境，导致人类与环境之间的对立。这就需要一个有强制力的中央政府来调节，强制采取措施逐步缓和矛盾。其次，需要中央政府与地方政府协作的地方越来越多。双方只有通过协作，才能获得更多利益；同时，可加强彼此的信任和依赖。

---

① 童之伟．国家结构形式论［M］．武汉：武汉大学出版社，1997.

② 吴大英，杨海蛟．政治关系论［M］．太原：山西教育出版社，2001.

2. 国外政策执行情况的研究

什么是政策执行，国内外政策学家从各个角度给予了各种不同的理解和诠释。随着社会的发展，尤其是从20世纪中期开始，政策研究在各个国家得到重视，政策科学的研究应运而生。以1973年普雷斯曼和威尔达夫斯基《执行：联邦政府的期望在奥克兰市落空》一书的出版为标志，政策执行作为政策研究的重要一环在西方已经非常深入和成熟。通过研究分析，学者们发现执行的复杂性和重要性，政策执行之于政策结果有着最为直接的关系，这打破了人们一直以为执行即是结果的错误认识。①

美国政策科学家普雷斯曼和威尔达夫斯基把政策执行解释为："在确定目标的前提下，进行目标不断调适和相互作用过程。"② 另两位早期研究政策执行的美国学者萨巴蒂尔和马兹曼尼安也以不同的视角界定了政策执行："通过固定的法律、议会决议、上诉法院决议、行政命令等形式，实施的一种政策决策过程。"③ 还有学者把政策执行解释为一种行为或活动，美国学者琼斯认为："政策执行是以解释、应用和组织这三项活动为主的从而实现目标的过程。解释是指将政策内容更加简洁、清晰和易懂；组织活动是指需要设立相关的执行部门，厘定执行条例，从而更好地完善执行工作实现最终目标；应用活动是指通过执行部门和机构提供一些服务和相关的设备等，从而实现预定的目标。"④ 霍恩和范米特研究指出："政策执行是指公共的或者私人性质的集团、团体和个人为了实现相关决策而采取的行动。这些行动可以分为两类：一类是具有可操作性的措施；另一类是具有可变迁性质的措施。"⑤ 爱德华兹和沙坎斯基（Ira Sharkausky）提出，"政策执行是指传递命令、收集信息、资金扶持、签订合约、雇佣人员、安

---

① 朴贞子，金炯烈，李洪霞．政策执行论［M］．北京：中国社会科学出版社，2010.

② Jeffrey L. Pressman，Aaron B. Wildavsky，implementation，2nd ed［M］．Berkeley：University of California Press，1979.

③ 参见［美］斯图尔特·内格尔．政策研究百科全书［M］，林明，等译．北京：科学技术文献出版社，1990.

④ Charles O. Jones. An introduction to the study of public policy，2nd ed［M］．North Scituate，Mas.：Duxbury Press，1977.

⑤ C. E. Van Horn，D. C. Van Meter. The implementation of intergovernmental policy［J］．Policy Studies Review Annual，1977（1）.

排人事以及建立相关组织机构的活动”。① 此外，斯诺（C. P. Snow）和特里林（L. Trilling）提出：“任何一类将意识形态的理念转变为具体行动的工作，都是一种带有简化性质的工作。正是这种简化性质的主体将相关问题转化为具体可操作的内容，然后由相关机构负责执行。”② 芒杰（R. S. Montjoy）和屠尔（L. J. Toole Jr.）更明确地指出：“政策执行就是执行某一项由上级所作的决定。”③

政策执行就是“在政策期望与所感知的政策结果之间所发生的活动”。④ 美国公共政策学者巴达克用博弈理论来研究分析政策执行的过程，他把政策执行过程看作一场对弈，“在竞争与合作的情况下，每一个局中人都希望得到最大的收益，并且希望将损失减少到最低限度。然而最终政策的成功和失败往往要取决于各方代表的‘战略抉择’”。⑤ 马兹曼尼安和萨巴蒂尔认为“问题的可控性、构建执行的法律框架能力和影响执行的非法律性的变量三个因素决定了成功执行的可能性”。⑥ 安德森（Anderson J. E.）认为，“探讨政策是否能够成功执行，不仅要关注上层行为，还要关注下层官员对政策执行的影响。有部分可能是下层官员会试图减少政策的影响或改变政策有利于自己的目的”。⑦

20世纪六七十年代洛伊（Theodore J. Lowi）提出了政策类型理论。他认为：“政策分类要注重内在和政治上的特征，可以从政府强制力的角度

① G. C. Edwards III，Lra. Sharkansky. The policy predicament ［M］. San. Francisco：W. H. Freeman and Co.，1978：293.

② C. P. Snow，L. Trilling. Organizational models of social implementation ［J］. Public Policy，1978（2）.

③ R. S. Montjoy，L. J. Toole Jr. Toward a theory of public policy implementation：An organizational perspective ［J］. Public Administration Review，1979（5）.

④ Deleon P. The missing link revisited：Contemporary implementation research ［J］. Policy Studies Review，1999（16）.

⑤ 参见袁振国．教育政策学［M］．南京：江苏教育出版社，2001.

⑥ 参见竺乾威．地方政府的政策执行行为分析：以拉闸限电为例［J］．西安交通大学学报（社会科学版），2012（2）.

⑦ Anderson J. E. Public policymaking：An introduction（5th ed.）［M］. Boston：Houghton Mifflin，2003.

对政策进行类型的划分。"[①] 他以"强制的作用途径"和"强制的可能方向"为依据，将公共政策划分为四种类型（分配型政策、规制型政策、构成型政策、再分配型政策），并且认为不同的政策类型会形成不同的权力系统，不同的权力系统之间又会发展不同的政治过程、结构和精英集团。哈格罗夫（Erwin C. Hargrove）认为："再分配政策比分配政策更难于执行，而管控政策的成功，则常常取决于它们对利益分配的影响程度。"[②] 里普利和富兰克林在《政策执行与官僚制》一书中则从日常化程度、冲突程度、政府官僚活动的反对程度、理论争论程度、小政府的压力和诉求等角度出发分析了规制政策、分配政策及再分配政策的具体执行过程。[③] 彼得斯（B. Guy Peters）认为，"官僚在解释法律、制定规则将法律付诸实施的过程中发挥着重要的作用，它们也在将法律和规章用于单独的个案中发挥着重要的作用"。[④] 马特兰德（Martland）通过政策的冲突性和模糊性两个维度建构了包含四种类型的政策模型，即行政执行模型、实验式执行模型、政治执行模型和象征性执行模型，并具体分析了每一个模型的影响因素。[⑤]

20 世纪 90 年代以来，政策执行研究以政策执行的动态性、执行结果的多样性以及影响执行的变量在因果关系上的复杂性为主要出发点。这一时期，现代政府的责任范围扩张，公用事务日益复杂化，越来越多的团体参与到政策领域中来，政策执行研究领域越来越广。通过执行结果的反馈，政府的决策得以重新修正；同时，通过政策制定和执行的相互影响和相互调适，政策可以取得更好的执行结果，这促进了政策执行研究对协调中央与地方关系的重视。

---

① 参见魏姝．政策类型与政策执行：基于多案例比较的实证研究［J］．南京社会科学，2012(5)．

② Erwin C. Hargrove The search for implementation theory，institute for public policy studies［D］. Vanderbilt University，1981.

③ Riply R. B.，Franklin G. A. Policy implementation and bureaucracy［M］. Chicago：The Dorsey Press，1986.

④［美］盖伊·彼得斯．美国的公共政策——承诺与执行（第 6 版）［M］．顾丽梅，译．上海：复旦大学出版社，2008.

⑤ 参见［美］理查德·J. 斯蒂尔曼二世．公共行政学：概念与案例［M］．竺乾威，译．北京：中国人民大学出版社，2004.

3. 国外社会政策执行项目研究

(1) 救助政策

目前，社会保障制度的建立成为现代社会建设和发展的主要标志。英国通过1601年的伊丽莎白《济贫法》和1834年新《济贫法》，确立了国家在救济贫民方面应当承担的主要义务，以及贫民可以享受的基本公民权利，标志着英国政府开始直接参与社会救济活动并参与组织相关工作。

19世纪80年代德国社会保障制度的确立，标志着早期的社会救济开始向社会救助方向转变，社会救济被纳入社会保障制度体系。此后，社会救助成为各国社会保障制度中最关键的一部分，在社会发展中发挥着积极作用。英国、德国、美国、日本等福利水平较高的国家都将社会救助视为重要的社会保障措施。

从1935年到1974年，得益于罗斯福颁布的《社会保障法》，美国在社会保险、社会救助和社会福利等方面有了很大进步。有学者评价："在罗斯福年代，社会保障受到重视，美国社会救助制度开始规范化，美国制定了历史上第一部社会保障法，它标志着美国在救助领域向制度化和规范化迈进。经过多年不懈的努力和改革，美国社会救助体系、内容以及成果不断丰富，主要有抚养未成年子女家庭补助、补充保障收入、医疗救助、住房救助、食品救助、教育救助等。"①

英国的社会救助制度比较完善，主要采取"生活补贴"的方式，实行社会救助申请制度，有救助需求的家庭需要向社会保障机构提交申请书，经过保障机构的详细调查和审核，定期发给社会救助金。

(2) 教育政策

国外对教育政策执行情况的研究以美国学者奥登（Allan Odden）最为全面，1991年，奥登编著出版了《教育政策执行研究》。书中详述了教育政策的概念、过程以及方法，把教育政策研究推向更深、更广维度。奥登通过确定主题、划分范围以及重点，把美国在教育政策执行方面的研究分为三个阶段："第一阶段（1960—1980年），这是对教育政策执行的早期研究，主要的分析方法是通过个案研究法，探索和分析当时美国教育政策失

① 冯英，聂文倩. 外国的社会救助［M］. 北京：中国社会出版社，2008.

败的原因；第二阶段（1980—1985 年），更加注重和强调教育政策执行的内容，对比分析早期研究中的不足；第三阶段（1985—2000 年），将研究重点集中到教育政策到底如何执行，如何减少不利因素达到教育政策目标。"[①] 现在，美国在教育领域的研究范围相当广泛，研究手段更加多元，有类型研究、失真研究、案例研究等。

（3）住房保障政策

低收入家庭的住房问题是世界各国共同面临的问题，各国学者都进行了大量研究。国外住房保障研究的范围和内容主要是对比分析欧美等国家住房领域政策、政府在住房市场中发挥的效用以及执行住房保障政策所引起的社会问题等。

第一，对各国住房政策的研究。住房作为一种社会服务暂时还无法达到按需分配，只能通过各种行政的、经济的手段和方式对住房市场进行干预。学者多林（John Doling）指出，在过去的 20 年里，住房政策比较研究明显增多，对住房政策的简单比较有助于更好地在世界范围内理解整个社会。[②] 通过对美国、英国、新加坡等国家的政策研究，可以发现：一是这些国家经济发达，住房制度相对完善；二是这些国家都采取了政府主导、民间参与、个人补贴三管齐下的中低收入者住房保障政策；三是这些国家都通过政府直接补贴、金融政策、利税杠杆等多种手段来保证住房保障政策的公平有效。[③]

特洛特（Samuel E. Trotter）认为：美国低收入人群住房保障政策的特色就在于其各项保障措施的法制化，美国政府先后通过《国民住房法》《住房建设与发展法》《城市建设法》等相关法律法规，对住房保障政策进行了规定；同时，为了让低收入群体拥有住房，美国政府还采取了多种税

---

① Odden Allan. Education policy implementation [M]. New York: State University of New York Press, 1991.

② John Doling. Housing policies and the little tigers: How do they compare with other industrialized countries [J]. Housing Studies, 1992 (2).

③ 李英，张燕玲，等．城镇住房保障模式研究——以政府资助下的租赁为主体 [M]. 北京：清华大学出版社，2012.

收减免政策、个人住宅抵押贷款政策，这是一个立法与政策先行的制度。①

英国的住房保障政策也很有自己的特色，梅雷特（Stephen Merrett）研究了英国的住房政策后认为：英国可以算是世界上很早对住房进行政府干预的国家，1919 年《住房规划法》明确规定了居民住房问题，政府有义务解决住房问题。经过不断努力，英国的住房政策从政府直接供给，转向政府以财政、金融手段激励扶持社会化公共住房的建造和运行，鼓励出租、自建，以及购买住房。②

新加坡的住房保障制度很值得借鉴。贝琳达（Belinda Yuan）认为，新加坡作为一个新兴市场国家，其住房问题并不完全是通过市场机制来解决，而是通过政府的介入。1955 年新加坡根据《中央公积金法》建立了一项强制储蓄制度即公积金制度。该制度是新加坡解决居民住房问题的重要保障，为新加坡组屋建设和“居者有其屋”计划提供了重大金融支持。公积金制度要求包括新加坡公民和永久居留权公民，都必须参加公积金储蓄计划，缴纳公积金是公民的义务，具有强制性，公司雇主不缴纳公积金属于违法行为；不同年龄段公民，公积金缴费率不同，随着年龄的增长公积金缴费率下降。通过执行这项政策，大部分新加坡公民可以使用公积金账户资金来支付贷款等，减少使用其他资金。③

从以上国家来看，住房政策在执行中形成各具特色的方式，总的可以概括为从补“砖头”转变为补“人头”。比尔斯（Rogers Biles）认为，美国的住房政策是“从供给和需求两个方面补贴”，最大的特色在于美国的租金补贴模式，增加低租金住房。④ 马克（Kleiximan Mark）认为，英国在 20 世纪 80 年代推动了“住房私有化”改革，推进了混合产权补贴模式。⑤

---

① Samuel E. Trotter. A study of public housing in the United States ［J］. The Journal of Finance, 1958 (3).

② Stephen Merrett. State housing in bratain ［M］. London：Routledge & Kegan Paul, 1979.

③ Belinda Yuan. Squatters no more：Singapore social housing ［J］. Global Urban Development, 2007, 3 (1).

④ Rogers Biles. Nathan straus and the failure of U. S. Public Housing, 1937-1942 ［J］. Historian, 1990, 53 (1).

⑤ Kleiximan Mark. Housing, welfare, and the state in Europe：A comparative analysis of Britain, France and German ［M］. New York：Edward Elgar Publishing Ltd., 1996.

新加坡的住房政策分类供应的方法效果甚好，从20世纪下半叶开始，新加坡每年建设的小户型、低造价“政府组屋”占总建筑面积80%以上。因此，新加坡大部分居民都居住“组屋”。①

第二，对政府干预住房政策的研究。目前，大部分国家都会干预住房市场。学者有不同看法，西方主流学者坚持认为应该提倡政府对住房政策的干预。“早在1911—1921年，德国、英国、荷兰和丹麦政府就开始实施和制定了公房租赁计划。”②“第二次世界大战结束之后，西方各国都致力于解决由于战争导致的住房供给问题，并根据凯恩斯主义相关理论把制定住房政策作为干预市场的工具之一。”③ 在后来的工业化发展和城市化进程中，西欧逐渐完善了自己的住房政策体系。“住房体系的完善进一步协调了各阶级和不同阶层的主要利益，将居住权视为国家公民应有的社会权利，促进了社会的稳定和繁荣”。④ 通过对不同理论的研究，政府干预住房市场的模式也发展出了不同类型，其中最典型的是唐尼森（David Donnison）的“雏生型、社会型和全面负责型”三种模型。⑤

第三，对各国执行住房政策引起的社会问题研究。总体来看，各国在执行住房保障政策过程中，都产生了一些社会问题。莫雷（A. More）和麦克伦南（D. MacLennan）的研究显示，“存在于北欧国家的左翼势力，在某种程度上推进了北欧国家的公房建设和发展，然而这种公房建设在美国却明显缺乏推动力”⑥。美国在2004—2005年建造了大量住房，之后住房建设一直下滑，住房价格急剧下降，房地产经济衰退。美国住房保障政策执行以来，美国政府鼓励和允许抵押贷款，以创建高风险的次级抵押贷款产品，提高自置居所的数量。但是美国的金融市场过于追

---

① Belinda Yuan. Squatters no more：Singapore social housing ［M］. Global Urban Development，2007.

② Harloe M. Social housing：Past，present and future ［J］. Housing Studies，1994，9（3）.

③ Malpass P.，Murie A. Housing policy and practice（second edition）［M］. Basingstoke：Macmillan Education LTD，1987.

④ 陈燕．“福利国家”英国的住房政策［J］. 城市开发，2003（3）.

⑤ 李英，张燕玲，等．城镇住房保障模式研究——以政府资助下的租赁为主体［M］. 北京：清华大学出版社，2012.

⑥ D. Maclerman，A. More Changing social housing at brit-ain：A comparative perspectiv［J］. European Journal of Housing Policy，2001（1）.

求利润，导致住房保障政策执行扭曲，金融市场崩溃。[①] 英国执行住房保障政策以来，存在保障性住房供应不足的现象。政府将政策倾向于无家可归的人群，很难推进住房私有化，但是公众对私有住房需求并不减弱，从而导致需求不断增加。[②] 新加坡在执行住房保障政策产生的第一个问题是为解决土地征用难题，早期强制征用，土地价格低于市场价格遭到很多人反对，但解决了大部分人的居住问题。住房问题解决后，新加坡修改了土地征用补偿标准。新加坡在执行住房保障政策产生的第二个问题是拆迁安置问题，对于贫民窟和棚户区的拆迁和安置，住房保障政策根本无法执行，遇到很大阻力。[③]

4. 国内政策执行的研究

国内理论界1990年左右开始关注政策的执行情况，2000年左右对政策执行展开系统分析和研究。[④] 从学术界已有的研究成果和内容来看，大致可以分为以下几个层面。

（1）引介西方政策执行理论

学者在不同维度通过不同研究方法分析论述了西方相关理论的发展过程。著名学者李允杰、丘昌泰在《政策执行与评估》中选取三种执行视角（自上而下、自下而上、整合型）介绍了政策执行的含义、理论背景、发展、演变等，对政策执行进行了横向和纵向解析，囊括了许多社会前沿问题和具体执行实务。[⑤] 然而，以上都是对西方政策执行模式的总结和概括，并没有探索出政策执行的新模式。

20世纪90年代中后期以来，政策执行受到研究者的重视，关于政策执行的研究，特别是我国地方政策的执行研究逐渐增多。有学者研究认为我国地方政策执行过程是在中央政府监控下自主地进行，一般

---

① Yosuke Hirayama. Neoliberal policy and the housing safety net in Japan［J］. City, Culture and Society, 2010, 1 (3).

② 刘朝马．住房保障政策：英国经验及启示［J］．城市问题，2007（3）．

③ 李英，张燕玲，等．城镇住房保障模式研究——以政府资助下的租赁为主体［M］．北京：清华大学出版社，2012.

④ 朴贞子，金炯烈，李洪霞．政策执行论［M］．北京：中国社会科学出版社，2010.

⑤ 李允杰，丘昌泰．政策执行与评估［M］．北京：北京大学出版社，2008.

采用“先试点”“后推广”的执行程序，可以简要地概括为中央监控下的“点—面”模式。① 以上种种对执行重要性的阐述和研究，核心是要解决政策目标与政策手段协调的问题，但目前国内执行理论滞后于执行实践的现实，已经成为政策研究领域的共识。为此，中国特色社会主义建设进入新时代后，我们要进一步加强对政策执行的框架、理论与实践研究。

（2）政策执行基础研究

国内关注和研究政策执行较晚，20 世纪 90 年代陆续有关于政策执行的研究论文出现。笔者在“中国期刊全文数据库”搜索名为“政策执行”，发现年限为“1990—1999 年”的文献有 105 篇；年限为“2000—2009 年”的相关文献有 1179 篇；年限为“2000—2010 年”的文献有 1443 篇；年限为“2010—2020 年”的文献有 3427 篇。具体见图 1-1。

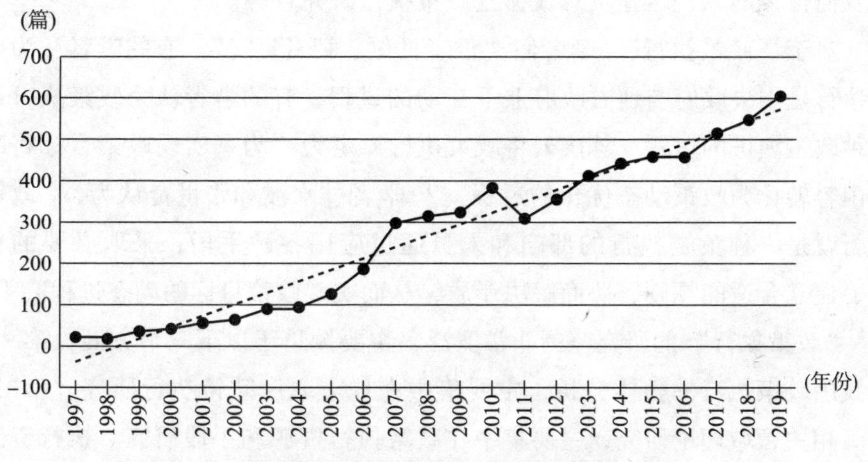

图 1-1 有关政策执行研究的文献数量增长趋势

可见“政策执行”的相关研究成果逐渐增多，日渐丰硕，逐年增长。2020 年 2 月，在 CNKI 平台已经可以检索 64 篇有关政策执行的学术论文，可见国内学术界对于“政策执行”反应敏锐，并不断总结和反思相关执行经验，这在一定层面上促进了政策执行的深入研究。

现阶段我国学者对于“政策执行”的研究专著有 20 余部，分别为：

---

① 胡象明．政策科学的发展与学科建设［J］．经济研究参考，1996（J6）．

施能杰的《国会监督与政策执行——美国经验值研究并兼论我国的发展》、郭渐强的《政策执行研究》、金太军的《公共政策执行梗阻与消除》、丁煌的《政策执行阻滞机制及其防治对策》、张玉的《政策执行研究的新视野：区域政策执行的制度分析与模式建构》、李允杰的《政策执行与评估》、赵凯农的《公共政策——如何贯彻执行》、莫勇波的《公共政策执行中的政府执行力问题研究》、周国雄的《博弈：公共政策执行力与利益主体》、朴贞子的《政策执行论》、姚华和耿敬的《政策执行与行动者的策略：2003年上海市居委会直接选举的个案研究》、刘伯龙和竺乾威的《中国农村公共政策：政策执行的实证研究》、张昕与李泉的《公共政策执行》、汪霞的《嵌入与协同：公共政策执行动力源研究》、邓旭的《教育政策执行研究：一种制度分析的范式》、英明的《就业政策执行论》、冉冉的《中国地方环境整治》、张为杰的《分权治理、地方政府偏好与公共政策执行机制研究》以及何得桂的《山区避灾移民搬迁政策执行研究》等。

对于“政策执行”，学者们“仁者见仁、智者见智”。有的学者认为政策执行是中央政府与地方政府上下互动的过程，有的学者认为政策执行是一种政策演进的过程。陈庆云将政策执行界定为“为了实现政策目标将政策内容转化为政策动态优化的过程”。[①] 学者林水波和张世贤认为，“政策执行就是一种负责执行的部门和人员通过应用各种手段，采取必要的行动、建立合适的规则、协商解决矛盾，从而实现政策目标的动态过程”。[②]

“政策执行”的研究范围非常宽泛，主要侧重于以下三个方面：第一，对我国政策执行的整体分析，主要集中在地方政府政策执行研究。第二，政策相关领域理论研究，主要集中在政策执行资源和手段研究。执行资源包括制度资源、专家资源、财力资源、信息资源、人力资源等；执行手段包括技术手段、行政手段、经济手段、法律手段、思想政治教育手段等。第三，具体专业领域的政策执行研究。有土地政策执行、农业政策执行、税务政策执行、房地产政策执行、药品监管政策执行、财政政策执行、计划生育政策执行等。

---

① 参见陈庆云．公共政策分析［M］．北京：中国经济出版社，1996.

② 参见丁煌．政策执行阻滞机制及其防治对策——一项基于行为和制度的分析［M］．北京：人民出版社，2002.

现阶段我国正处于社会转型时期，一些社会问题逐渐显现。这些社会问题的产生大多与政策执行紧密相关。因此，对政策执行的研究开始引起学界的关注。

基于对政策执行广义或者狭义的理解，学者们对政策执行的范围和内容的界定各不相同。从狭义角度来看，政策执行是指具体方案的执行与落实，不涉及相关内容的监督与反馈等内容。而从广义角度来看，政策执行则是指执行主体通过执行相关政策方案，能够实现最终目标的过程。对比分析可以发现有效的政策执行符合以下几个条件：第一，了解执行者的价值偏好；第二，熟悉政策制定的领域，并尽可能掌握相关领域主要内容；第三，充分预测每一种政策方案可能导致的结果；第四，估算政策方案可能产生的利益与损失；第五，选择有最大收益的政策方案。①

西方政策执行研究的兴起对于我国政策执行的研究提供了学术背景支持。部分学者从“制度、系统、主体的角度”进行了探讨。从制度研究角度入手，政策执行就是为规范政府行为提供约束机制，保障群体利益的实现。从系统研究角度出发，政策执行就是遵循系统特征，实现目标最大化的动态过程。钱再见、金太军等认为，“‘中梗阻’现象在整个政策执行过程中广泛存在，其原因可以从政策执行主体角度进行分析。要防止‘中梗阻’现象的出现，就需要加强政策执行主体的认知水平、提高政府执政能力、加强政策宣传力度、建立健全政策执行的相关责任追究制度”。② 丁煌认为，“随着我国社会进入新的发展阶段，执行是问题的关键，执行主体在某种层面上是利益主体，因此在执行中存在执行阻滞现象。为此，需要从制度完善、职权改革、提高干部管理队伍等方面来消除存在的漏洞，从而防范阻滞现象再次发生，实现政策的目标”。③

陆小成等认为，“当前我国政策执行中的资源整合能力较弱，需要通过引导、协作、参与、统筹等方式来加强资源之间的开发、利用和配

① 刘伟忠．政策有效执行的组织内部环境之维［J］．贵州社会科学，2007（7）．

② 钱再见，金太军．公共政策执行主体与公共政策执行“中梗阻”现象［J］．中国行政管理，2002（2）．

③ 丁煌．我国现阶段政策执行阻滞及其防治对策的制度分析［J］．政治学研究，2002（1）．

置”。[①] 李丽红认为，“政策执行中的价值理念冲突是最为明显的，主要表现为责、权、利之间以及工具理性和价值理性间的矛盾，若要减少和降低这类矛盾和冲突所导致的损失，就需要进一步提高社会权力的发展，提升公民自身权利意识的觉醒”。[②]

陶书荣通过对比西方政策执行模型，结合中国现状提出四种政策执行模型：团体参与模型、宣传动员模型、权威强制模型、市场激励模型。团体参与模型应用团体理论，发现利益团体是现代政策决策中一支具有重要影响力的力量；宣传动员模型是通过宣传来促进政策目标群体对政策的了解，对政策产生基本认知，以便于政策执行者执行政策，使目标群体接受政策；权威强制模型是通过强制力来推行政策；市场激励模型主要是指政府在面对日益复杂的管理问题时，可以运用市场激励方式来推进政策的执行。[③]

从研究视角而言，我国学者强调政策执行是一种过程，在这个过程当中存在各种各样的研究途径或原则等，有些许西方“行动学派”的影子，侧重从“整合路径”出发来理解和研究。研究方法上侧重理论的研究，缺少实证研究方法，但学者张玉建构了我国地方政策执行的制度模式，从实证角度为政策执行研究开辟了新的道路。[④]

对比中西方学者之间的研究，虽有很多差异，但可以相互借鉴。不管是公共政策，还是社会政策，都存在政策执行的问题，具有共性，重要的是如何通过我们自身的实践研究来推动政策执行研究的进步。

有学者将政策执行偏差分为政策被曲解、政策被截流、政策被部分执行等类型，认为我国某些政策执行中存在的问题是由利益冲突、执行控制力弱、体制机制不完善、政策执行者素质低等原因导致；也有学者认为要考虑政策制定、政策传播、政策监督等环节；还有学者从政策执行主体、政策执行背景、政策执行环境、政策执行客体等方面来探讨。

---

① 陆小成，张林军．公共政策执行中的政治资源开发与配置［J］．云南行政学院学报，2003（4）．

② 李丽红．浅析公共政策执行中价值理性与工具理性的冲突［J］．甘肃行政学院学报，2002（4）．

③ 陶学荣．公共政策学（第2版）［M］．大连：东北财经大学出版社，2009．

④ 参见李良云．政策执行研究述评［J］．湖南医科大学学报（社科版），2009（2）．

(3) 关于政策执行偏差及矫正研究

王国红认为,“政策执行难免出现偏差,产生偏差的原因往往在于执行主体受到利益的驱使和执行机制内在的缺陷。因此,需要从利益相关群体入手,健全执行制度和机制,进一步完善政策创新等方法,防范执行偏差的产生”。① 刘玉蓉、定明捷认为,“可以从委托代理理论的视角对政策执行进行分析,从而找到执行过程中执行失利的原因”。② 李荣华认为,“要从本质上区别创新和执行偏差现象,主要从三个方面区分:一是否以政策目标为取向,二是政策手段是否积极有效,三是执行结果是否产生外部不经济”。③ 也有学者认为,“政策具有灵活多变性,因此,需要将一些具备稳定性、长期性、全局性的政策转化为法律制度,从而更好地提高政策执行成效”。④

(4) 关于政策执行机制构建的研究

刘英茹认为,“沟通是政策执行中最重要的环节,要通过建立沟通机构和相关的协调机制,进一步完善沟通手段和技术,同时减少信息失真。因此,信息的准确、真实与否是实现良好沟通的桥梁和基础,更是实现政策目标的关键”。⑤ 丁煌认为,“执行机制最需要建立监督机制,因为监督机制涉及政策执行最终的效率。需要从执行的透明度、监督机构的独立性等方面进一步完善执行机制”。⑥ 另外,从社会政策实践可以发现,某些政策在执行中存在局部化、扩大化、停滞化等问题,其中最重要的原因就是社会政策执行监督机制不够完善和成熟,需要全面、多层次、多角度来构建监督网络。⑦

(5) 关于社会政策执行效果的研究

政策的执行既会产生直接效果,也会附带产生间接效果。政策的直接

---

① 王国红．论政策执行中的政策规避 [J]．唯实,2003 (2).

② 刘玉蓉,定明捷．政府利益对政策执行的影响及应对 [J]．湖北行政学院学报,2003 (1).

③ 李荣华．转型期公共政策执行中的政策规避与制度创新 [J]．特区理论与实践,1997 (12).

④ 陈振明．政策科学:公共政策分析导论 [M]．北京:中国人民大学出版社,2003.

⑤ 刘英茹．论政策执行中的沟通与协调 [J]．行政论坛,2002 (2).

⑥ 丁煌．提高政策执行效率的关键在于完善监督机制 [J]．云南行政学院学报,2002 (5).

⑦ 宁国良．社会政策学概论 [M]．湘潭:湘潭大学出版社,2010.

效果是政策执行对政策所要研究和解决的问题及政策执行机关、组织产生的影响和作用；政策的间接效果是指政策在执行过程中由于非系统性作用导致的对其他组织产生的结果。政策执行效果的主要影响因素为结果和成本。政策在执行中产生的不同效果将会对地方经济、政治、社会发展和地方政策乃至国家的经济、政治、社会发展及政策产生不同的影响，追求理想的效果，是政策执行所应达到的基本目标。①

“以住房政策来说，政策的原本意图是在住房价格（或者租金）过高的情况下，通过行政措施来管控房价从而缓解人们（尤其是贫困群体）的住房问题。然而，有时候政策的执行效果却适得其反。经济适用房政策实质上是对住房实施房价管制，但是最后的结果是房租不仅没有下降，还出现房源短缺的现象；部分开发商为了收回成本，将部分税收转嫁到购房者身上，从而使房价未降反涨。”② 何元斌认为，“从总体上来说，中国住房保障政策与发达国家或地区相比，还存在诸如覆盖面狭窄、保障对象定位不清晰、相关配套政策不完善、监督机制不健全等方面的问题”。③ 马光荣在分析地方住房保障政策后，认为：“住房保障政策保障认定条件苛刻，缺乏对困难群体长期住房保障的规划等。”④ 李国敏认为：“当前住房保障政策存在目标对象界定模糊、相关标准超标、保障机制不完善、保障功能失效等问题，应当重新考虑建构保障体系和框架。”⑤ 马光红等认为：“由于廉租房资金投入不足，同时实物补贴房源比较匮乏，导致保障覆盖面过于狭窄，准入门槛较高，一些开发商在住房建设用地中存在规划不合理，交通设施等配套措施不健全导致住房保障福利损失明显。”⑥

以教育政策来说，近年来，随着教育政策研究的兴起，以及民众对教育决策的民主化、科学化的要求提高，教育公平成为焦点。一项政策的最

① 胡象明．地方政策执行：模式与效果［J］．经济研究参考，1996（J6）．

② 李文斌，牟家华．住房政策的局限性：政策的初衷与政策效果的背离［J］．城市住房，2006（2）．

③ 何元斌．保障性住房政策的经验借鉴与我国的发展模式选择［J］．经济问题探索，2010（6）．

④ 马光荣．城市低收入家庭住房保障问题研究——以镇江为例［J］．当代经济，2009（6）．

⑤ 李国敏．对我国城市住房保障制度的再思考［J］．创新，2009（8）．

⑥ 马光红，李宪立．建立健全保障性住房规划建设管理体制研究——基于廉租房的视角［J］．城市发展研究，2010（4）．

终目的在于通过它的有效执行而达到政策目标。然而由于环境、人文、制度等因素的影响，我国教育领域还存在不少问题，在教育政策执行当中，经常会出现执行活动以及执行效果不理想，甚至出现与教育政策目标偏离的现象，一些学者将其称之为教育政策失真现象。

以社会救助政策来说，贫困与发展是世界各国面临的共同挑战。近年来，我国在社会救助方面投入很大，成效显著。但仍存在“救助不及时”“过程不透明”“执行不公平”“政策相互矛盾”等问题。相关研究表明，应加强社会救助机构设置及人力资源配置，提高基层工作人员的专业化水平，建立社会救助信息系统等，进一步规范城市低保动态管理，确保救助对象准确，应保尽保。

（6）关于社会政策执行评估研究

关于政策执行评估研究，“经常被误认为是最近的现象，其实不然，早在150年前就有学者专门研究政策执行评估。经过学者们的不断努力，至20世纪60年代政策执行评估已被视为一门成熟的专业”。[①] 近些年来，随着国家法律法规和制度建设的不断完善，无论从国家层面还是社会层面，制度化建设和制度性评估都在向更高、更深层次发展。社会政策执行评估研究将更好地规范社会公平公正秩序，有效提升国家现代化治理能力和政策执行力，促进社会和谐发展。

社会政策执行评估是评估主体根据现有标准，对政策执行的相关环节和步骤进行考察的过程。在这个过程中，评估主体需要严格按照预先设定的相关程序和方法进行评估，主要侧重于政策产出和政策影响，从而更好地测度政策结果和目标的吻合程度，进一步改进原有政策或制定新政策。

韩丽娟等以素质教育政策执行评估为例，认为：“强化素质教育政策执行情况的评估工作是进一步推进素质教育的重要突破口，强化素质教育政策执行情况的评估工作是新时期素质教育政策调整的重要基础，强化素质教育政策执行情况的评估工作是‘自上而下’督促素质教育有效实施的必要手段，强化素质教育政策执行情况的评估工作是纠正偏差、总结经验

① ［美］斯塔弗尔比姆，等．评估模型［M］．苏锦丽，等译．北京：北京大学出版社，2007.

的必要途径。”①

冯少波认为目前的评估机制尚存在缺陷，急需进一步完善。他提出在执行评估机制方面需要注意两点：“第一，建立制度执行评估机制，就是以综合而科学的制度执行评估指标体系为衡量内容，以科学严谨的调查研究与分析预测为手段，通过广泛收集各种信息，采取定性和定量相结合的评价方法，对各地区、各行业、各部门、各单位制度执行的效果、效益和效率做出评价，从而对制度执行实施科学管理，推进制度执行工作的健康发展；第二，为保证制度执行评估的开展，应尽早制定相关法律或法规条例，对制度执行评估的价值理念、评估宗旨、评估原则、评估主体、评估标准、评估方法、评估结果使用和反馈等做出明确规定。”②

综合国内外学者的相关研究，关于社会政策执行评估主要包括以下五个方面：第一，评估主体。即发起和实施评估的组织和人员。第二，评估标准。具体是指评估遵循的价值取向以及评估过程中使用的评估指标体系。第三，评估对象。具体是指接受评估主体测评的组织、人员、项目、范围、价值等。第四，评估过程。具体是指评估标准的制订、信息的收集与整理等。第五，评估结果。具体是指评估结果反馈以及改进等活动。

1997 年，学者韦唐（Evert Vedune）博士在古巴和林肯研究的基础上，按照组织者的不同，将政策执行评估分为三大类：效果模式、经济模式和职业化模式，具体见图 1-2 所示。

社会政策执行评估完全可以借鉴韦唐政策执行评估模式中的两种模式来分析。一种是经济模式，经济模式主要运用于政策执行至结束时段，通过计算投入和产出的比例来评估政策执行的效益值；另一种就是效果模式，效果模式主要运用于政策正在执行的某个阶段，主要衡量政策执行与效果的吻合程度。在效果模式中主要分为六种情形，但是在政策执行评估方面只有三个比较重要，分别是目标达成模式、附带效果模式和顾客导向模式。目标达成模式主要基于两个因素：一是某政策达到的效果是否符合制定政策时的初

---

① 韩丽娟，杨润勇．我国素质教育政策执行评估工作的思考［J］．教育与管理，2007（24）．

② 冯少波．建立制度执行评估机制的思考［N］．中国纪检监察报，2012-07-17（3）．

衷；二是该结果是不是政策产生的。附带效果模式也主要基于两方面：一是对目标吻合程度的考量，即政策最终目标与政策制定目标是否吻合，评估政策达到的目标与政策制定的目标是否吻合；二是对其他非预测结果进行考量。顾客导向模式主要关注该政策的执行是否能够满足用户的需求和期望。因此，顾客导向模式在政策执行过程中会充分考虑民众的意见，尽量满足部分民众的需求，从而不断修改和制定下一步计划。

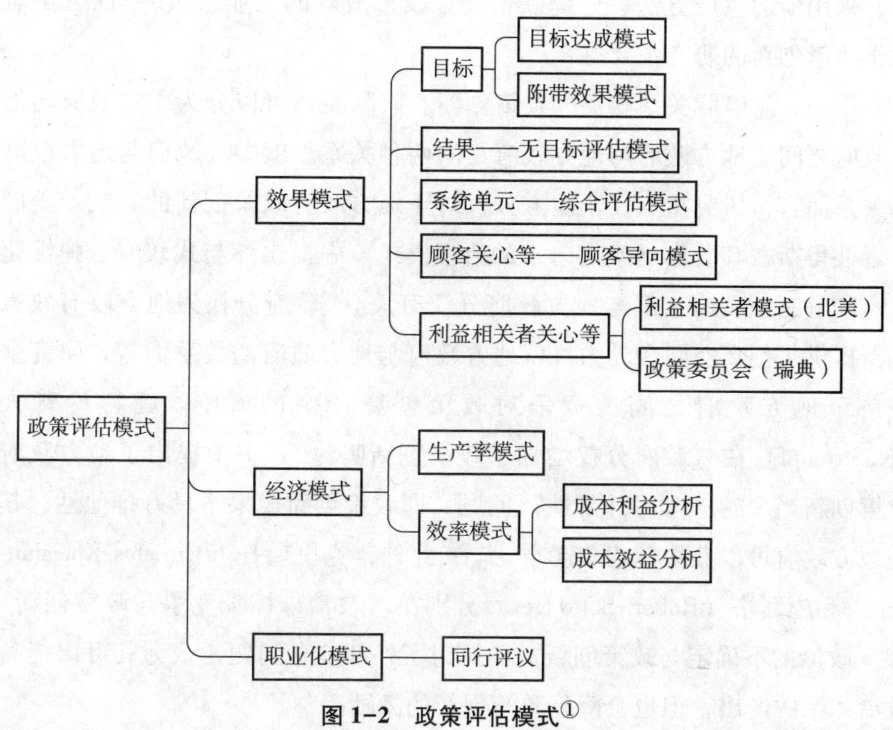

图 1-2 政策评估模式①

当然，我们也要注意任何一项评估都是有风险的，社会政策执行评估同样具有风险。在风险社会中，我们更要防微杜渐，通过对政策实施过程、政策反馈环节的评估，提前防范和规避风险；借鉴国外风险预防与转化研究成果更好地促进科学民主决策、推动政策效用最大化和维护社会稳定，减少因决策失误所造成的社会风险。同时以法治化为导向，科学民主、合理有序地执行政策以满足社会所需，加快社会政策制度化建设。

① Evert Vedune. Public policy and program evaluation [M]. New Brunswick and London: Translation Publishers, 1997.

（二）政策创新研究综述

1. 国外有关政策创新的研究

国外对于政策创新研究始于20世纪60年代末。早在19世纪末20世纪初，美国经济学家熊彼特（J. A. Joseph Alois Schumpeter）就提出了创新理论。他把创新看成是企业家对生产要素的重新整合，创新可以采用新产品、采用新的生产方法、开辟新市场以及形成新的工业组织。[①] 西方学者对于政策创新的研究主要有：

第一，与府际关系相关的政策创新。府际关系可以分为中央政府与地方政府之间、地方政府与地方政府之间两种关系。就中央政府与地方政府的关系而言，研究重点在于地方分权对于地方政府政策创新的影响。美国学者彼得斯在其著作《政府未来的治理模式》中提出参与式政府、弹性化政府和解制型政府，都与地方政府分权有关。[②] 政府分权为地方政府政策创新提供了创新空间和动力。就地方政府与地方政府的关系而言，研究重点在于地方政府之间的竞争对政策创新产生的影响。施特伦普夫（K. Strumpf）在《政府分权增加了政策创新吗?》一书中提出了地方政府政策创新当中的“学习外部性”问题，即政策创新成果不具有排他性，其他地方政府可以获取信息借鉴学习。[③] 此外，克里斯托（Christos Kotsgiannist）和施瓦格（Robert Schwager）分别在《政治，标准竞争与政策创新》和《政治的不确定与政策创新》中探讨了外部信息问题，认为其可以提高政治体系的产出，但也会降低政策创新的激励。[④]

第二，市场化中的政策创新。阿舍（K. Ascher）1987年在《政治的民营化：公共服务合同外包》一文中研究了公共服务民营化的可能方式，以及相关政策设计和绩效评估问题，并提出通过创新可以提高公共产品的供

① ［美］熊彼特·约瑟夫．经济发展理论［M］．何畏，译．北京：商务印书馆，1990.

② ［美］盖伊·彼得斯．政府未来的治理模式［M］．吴爱明，译．北京：中国人民大学出版社，2001.

③ K. Strumpf. Does government decentralization increase policy innovation? ［J］．Journal of Public Economic Theory，2002（2）.

④ Robert Schwager. Political uncertainty and policy innovation ［J］．Journal of Public Economic Theory，2006（5）.

给。美国著名公共政策学家彼得·德莱昂（Peter deleon）教授在 1994 年发表《重塑政策科学：面向未来的三个步骤》一文中指出当前的政策科学过于依赖工具理性、注重技术导向、偏离最初的多学科特征等目标。因此，他提出了政策科学三个未来发展的步骤：回顾当前政策科学的范式、发展民主性程序、聚焦现实政策问题等，认为政策科学将迎来一个后实证主义的发展时代。①

此外，国外学者对政策创新的其他方面也做了相关研究。弗吉尼亚·格雷（Virginia Grey）研究了政策创新的推广模式，提出政策推广研究的变量研究和过程研究，认为二者可以相互促进。同时，通过分析美国政策创新推广，总结了政策推广中的决定因素和外在条件。唐斯（George W. Downs）和莫尔（Lawrence Mohr）探讨了影响政策创新的不稳定因素。塞拉米（Joseph R. Cerami）则试图弥合创新在公共政策、公共管理和组织理论三方面的缝隙，认为三者可以相辅相成。②

2. 国内有关政策创新的研究

国内对政策创新的相关研究起步较晚，学者们是在我国经济体制改革不断深化中逐渐开始公共政策创新研究的。政策创新是推动社会进步的必然要求，是促进地方政府发展的“良药”。20 世纪 90 年代，随着我国经济和社会体制改革步伐的加快，面对政府职能的转变，政府能力提升成为必然要求。政策创新既是政府实际工作的重点，也是学界关注的焦点。地方政府作为联系中央政府和群众之间的纽带，能够及时发现相关社会问题，并不断产生创新的动力和条件。因此，政策创新对于整个政策过程、地方政府体系和推动社会经济发展都具有重要意义。

关于政策创新的含义，卞苏徽认为：“政策创新是指突破原有观念、制度和程序上的规定，执行更有意义和价值的政策，从而有效促进公共问题解决的过程。”③ 汪永成认为：“政策创新是政府各项政策要素的重新结合，亦

---

① Peter Deleon. Reinventing the policy sciences：Three steps back to the future［J］. Public Sciences，1994（1）.

② Joseph R. Cerami. Innovation in policy analysis［J］. The Innovation Journal：The Public Sector Lnnovation Journal，2000，5（2）.

③ 卞苏徽 . 入世背景下的公共政策创新［J］. 中国行政管理，2002（11）.

即政府根据环境创立一种更有价值的、适宜的政策要素组合形式的过程。”①

关于政策创新意义，王国红认为，地方政府政策创新的意义主要表现为三个方面：第一，政策创新是提高地方政府政策质量的关键；政策创新的价值在于通过改变现有方式来促进社会问题的解决，是一个从有到优的优化过程，对于推动地方经济社会的发展有重大作用。第二，政策创新是提升地方政府行政能力的关键。伴随新的社会问题的不断出现，迫切要求地方政府提升解决问题的行政能力，通过处理各种危机，不断提升地方政府的行政效率。第三，政策创新是中央政府制度创新的源泉。各地区的政策创新成果，通过试点等方式总结经验，或可得以推广。②

关于政策创新的类型，严强认为，按照政策创新的主体态度可以分为：执政党和政府强制推动型政策创新；利益群体与党、政府相互结合的回应型政策创新；社会自治型政策创新。强制推动型政策创新是执政党通过外在的强制力加以控制和推行的政策创新，以期实现预先制定的一整套方案和计划；回应型政策创新是国家在社会过渡和转型时期推进和实现体制转轨而实施的政策创新。面对旧的体制和结构，需要不断进行政策创新来回应社会的需要，回应型政策创新重点在于政策内容和作用具有创新性。社会自治型政策创新是把创新的主体归于公众，政府的作用相对减弱。基于公众利益的合作、妥协、竞争，从而保持动态均衡的过程，实现政策创新。③

三、概念界定

（一）政策

学者伊斯顿主张从权威性的角度来界定“政策”的含义，强调政府对于价值领域的控制。这一概念界定下的政策执行，我们看到的是权力自上而下的政策执行过程，即政府部门分配价值的过程。通过组织重构和配置

① 汪永成．试论政策创新能力［J］．广东行政学院学报，2002（4）．

② 王国红．政策规避与政策创新——地方政府政策执行中的问题与对策［M］．北京：中共中央党校出版社，2011．

③ 严强．公共政策学［M］．北京：社会科学文献出版社，2008．

资源，运用相关手段使政策对象服从相关规定，最终实现政策目标的过程。[①]

学者科尔巴奇从不同角度定义了“政策”的概念，在科尔巴奇看来，政策是应用到具体环境中，需要不同的参与者共同作用，政策不单单是官方的目标，还包括众多参与者之间为了维护现存秩序和权利的工具。[②]

传统的政策执行研究过多从政府的角度展开，分析执行主体、执行客体、利益相关者如何参与并贯彻执行政策。本书选用科尔巴奇对于政策的定义，结合参与者的政策参与、互动、协调、合作等活动对政策执行过程进行探讨。

（二）社会政策

对于社会政策内涵的理解，仁者见仁，智者见智。社会政策作为一个为解决社会领域问题出现的社会行为，在其理论演变发展中，一直与实践紧密相连。伴随着西方社会政策实践和理论的不断发展变化，更需要结合特定的社会环境来理解相关的政策过程，这进一步促进和影响了欧洲、美国以及东亚地区社会政策思想的对比研究。

沃克尔曾指出，“有多少本关于社会政策的书籍，就有多少种社会政策的定义”。[③] 因此，如何界定社会政策的定义及外延，是一个非常关键的问题。瓦格纳认为：“社会政策是运用立法和行政的手段，调节财产所得和劳动所得分配不均的各类政策总称。”[④] 马歇尔认为：“政府通过向市民提供服务或收入，从而对他们的福利产生直接的影响。”[⑤] 蒂特马斯认为：“所有为了满足某些个人需求或为了服务广泛社会利益的集体干预大致可分为三大类：社会福利、财政福利和职业福利。”[⑥] 从以上经典定义可以发现，社会政策是由一定主体提供一定社会资源从而解决社会问题，维护社

---

① ［美］戴维·伊斯顿．政治体系——政治学状况研究［M］．北京：商务印书馆，1993.

② ［英］H. K. 科尔巴奇．政策［M］．张毅，韩志明，译．长春：吉林人民出版社，2005.

③ Walker，A. Social Policy［M］．Oxford：Blackwell. 1984.

④ 参见白秀雄．社会福利行政［M］．台湾：三民书局，1981.

⑤ Trevor H. Marshall. Social policy［M］．London：Huntchinson & CO. Ltd.，1965.

⑥ 蒂特马斯．社会政策十讲［M］．北京：商务印书馆，1991.

会和谐稳定，消除社会排斥，实现社会公平正义，最终保障弱势群体以及每个社会成员的生存和发展权利。

国内有关社会政策的研究起步较晚，一般认为社会政策是政府或其他组织在一定社会价值观念的指导下，为了达到某种社会目标而采取的各种福利性社会服务行动的总和。关信平认为，“社会政策的实质是政府在社会福利实务领域中的干预行动”。[①] 从政府社会政策实践角度来看，社会政策是政府面向广大社会成员提供社会服务和进行社会管理的政策体系，偏向于困难群体。因此，社会政策既是一门学术专业，也是一种社会行动和社会实践，它要求结合一定的历史视野、理论分析和调查实践。从其根本性来看，社会政策的核心是要对政策实践展开纵向和横向研究。从全球社会政策议题来看，社会政策探讨和研究不同文化体制之下社会政策的发展、演变，以及借鉴和构建本土社会政策的发展轨迹。

当前，人们对社会政策的关注超过以往任何时期，大量新的社会政策不断制定，这些社会政策既满足了市场的需求，也满足了不同层次、不同区域公民的需求。社会政策的发展让广大人民群众有了更多的幸福感和获得感。人们逐渐从“走近”社会政策（政策外围）到“走进”社会政策（政策内核），对“社会政策脉搏”有了更深刻的了解和把握。这既符合近年来我国社会政策发展的理论路径，也证明了社会政策道路是历史的必然趋势。本书引用社会政策的大众化通用性内涵，将社会政策界定为：通过国家立法和行政干预，解决社会问题，促进社会安全，改善社会环境，增进社会福利的一系列行动准则和规定的总称。其目标是保护在市场经济条件下的公民社会权利和整个社会福祉，核心是解决市场经济下的公民社会风险。[②]

（三）政策执行

20 世纪 70 年代，查尔斯·琼斯（Charles O. Jones）提出：“政策执行

① 关信平．社会政策概论［M］．北京：高等教育出版社，2012.

② 林闽钢．社会政策——全球本地化视角的研究［M］．北京：中国劳动社会保障出版社，2007.

是将组织、解释和实施相结合的活动总称。”① 我国台湾学者林水波和张世贤认为：“政策执行是一种组合相关要素、扮演管理角色，适当进行裁量，培养士气、化解冲突，从而实现特殊政策目标的动态的过程。”② 公共政策专家陈庆云把政策执行界定为：“为了实现政策目标，将政策内容转变为现实的动态过程。”③ 学者桑玉成等人认为，政策执行“就是通过积极的行为使政策方案得以实现的过程”。④

尽管学者们对政策执行的界定和解释是不同层面的，但是都揭示了政策执行具有动态性的本质。对于一项任务而言，只有实现了最终目标，实现了一定的政策结果，才能算是真正的执行。政策执行就是运用各种工具和手段，根据政策目标不断调适自身行为模式的过程，也是各种执行活动和行为的集合。所以，本书将政策执行界定为：指令、组织、解释和应用相互协调进而实现政策目标的过程。

（四）政策创新

按照约瑟夫·熊彼特（Joseph Alois Schumpeter）的定义，创新就是“实施新的组合方式……创新分为三种形式：原始创新、集成创新和引进消化吸收再创新”。⑤ 对于政策创新而言，西方学者从 20 世纪 60 年代开始研究政策创新，沃克尔（Walker）和杰克（Jack L）1969 年发表了题为《创新在美国各州的推广》的论文，较早关注了政策创新这一研究主题，并最早提出了政策创新的定义，即“一个政府首次采纳对它而言是‘新’的政策或者项目，不管这个政策或者项目在其他时间、地点是否已经被采纳过”。⑥ 沃克尔关于政策创新的定义得到学术界的普遍认可。之后，美国、英国、新西兰、加拿大等国的学者逐渐关注政策创新领域的研究。国

---

① CHARLES O. JONES. An introduction to the study of public policy, 2nd ed [M]. North Scituate Mass: Duxbury Press, 1977.

② 林水波，张世贤．公共政策［M］．台北：台北五南图书出版公司，1982.

③ 陈庆云．公共政策分析［M］．北京：中国经济出版社，1996.

④ 桑玉成，等．公共政策学导论［M］．上海：复旦大学出版社，1991.

⑤ 转引自沃尔夫冈·查普夫．现代化与社会转型［M］．北京：社会科学文献出版社，2000.

⑥ Walker, Jack L. The diffusion of innovations among the American States [J]. The American Political Science Review, 1969 (3).

内外关于政策创新研究的关注点有所不同，西方学者更加强调和关注政策的原创性、被应用和采纳的次数以及具体情境转变等，更加注重“创新”本身。

关于政策创新的内涵，国内外缺乏统一界定。当前关于政策创新的内涵主要有几种不同的表达和诠释：一是从经济学视角出发，认为它是一种生产要素的新组合；二是从公共管理视角出发，认为政策创新是“政府因公共管理的使命需求与政策环境变化，以新的理念为指导，完善与优化公共政策，以实现社会资源优化配置和有效解决社会公共问题的重要政策行为”；三是从政策执行的角度出发，认为政策创新的核心与本质是“政府政策执行过程中的决策、价值、观念、原则、主体、程序、思路、方法、内容和手段创新”。我国学者对于政策创新偏向于是政府根据现行政策环境变化及政府治理需求，为适应外部环境变化所做出的适应性政策改变，是政府治理的重要方式；在新理念的主导下对当前政策要素进行重新组合或注入新政策要素，优化公共政策，最终达到解决社会公共问题的目的。

随着中国特色社会主义建设进入新时期、新阶段，我们需要对社会政策各项要素进行重组、优化，充分发挥社会政策满足社会需要、促进社会安全、改善社会环境、提升社会福祉等方面的价值和作用，验证社会政策的相关功能和特点；以维护社会稳定、防范社会风险为核心，消除资源、权力、利益等方面的不平等，减少社会群体性风险，提升人民群众的获得感和满意度；完善和弥补制度或结构漏洞和不足，从而有效解决社会问题。为此，本书从政策执行的角度出发，探寻、理解、挖掘、研究政策执行之后政府在相关层面所采取的策略和行动，呈现其“创新”的成分与内涵，将政策创新界定为政府以内部激励和外部政策环境为起始点，政策执行过程中运用相关权力、借鉴相关经验、学习相关方法以优化资源配置、有效解决社会问题、满足民众需求为目标的“新”的政策策略、行动和方式的总和。

四、研究问题

目标的达成是政策执行的真正核心，大量政策过程的研究开始关注政策实践中存在的问题。例如，基层执行人员的自由裁量权、利益共同体、政策的变通等。在社会政策执行路径选择上我国采用了比较成熟的“自上而下”和“自下而上”相结合的双重路径模式，但在解决社会问题的同时，依然存在一些弊端，社会政策资源浪费、政策学习不到位、社会发展不均衡、观念不深入等情况依然存在。政策作为政府解决社会问题的重要工具和手段，而不同层面上的社会问题不是静止的、一成不变的。因此，需要不断进行政策创新和管理改革，以保证政策的有效性和管理的灵活性。

尽管管理程序日益明朗化、有序化，行政决策更加科学化、民主化，政策决策的准确性有了很大提升，专家机制逐渐成熟，但政策执行中的问题依然存在，这是一个政策执行和创新的问题。政策的执行与创新是一个连续统一的过程，一项好的政策出台后，地方政府的理念、价值观、资源获取能力、信息捕捉能力、政府间学习能力，以及行政人员的行为都是政策目标能否实现和达成的关键变量，也是衡量地方政府是否主动行为、积极作为，不断提升公民获得感、幸福感、满足感的关键。

综上所述，本书研究的问题是：第一，地方政府具体如何执行政策的？第二，政策执行过程中运用了哪些积极的政策创新手段？第三，政策执行和创新带来了什么影响？

五、研究思路与方法

（一）研究思路

本书结构安排如下：

第一章为导论部分。主要研究社会政策执行研究的缘起、研究意义以及相关概念的界定，并在此基础上梳理了国内外相关学者的研究成果，阐明了本书的研究方法与研究问题。

第二章重点分析了我国社会政策体系的形成、发展和深化三个阶段，以及每个阶段社会政策的主要功能和作用，最后总结了我国社会政策的基本特征。

第三章通过对政策执行理论的透视，探寻和研究如何运用相关资源将政策目标转化为具体的行动实践。同时，探索中央政府与地方政府之间如何互动推动政策执行。

第四章从政策程序和过程出发，探究了政策执行过程的重要性，并以社会救助政策为个案剖析了地方政府采取的执行策略和创新选择。

第五章详细解析了政策执行创新的具体形成机制及创新手段和方式方法，以便构建完善新时代我国社会政策执行创新体系，进而实现治理的现代化。

第六章对全书进行了系统总结，明确提出要加强社会政策执行和创新力度，最终目标是为了更好地实现综合性、整体性、可持续性和高质量发展的社会治理形态，不断巩固和提升公民福利，进而迈向和谐、繁荣、美好的新时代。

（二）研究方法

本书在论述过程中，借鉴了国内外大量文献资料，运用了管理学、政治学、社会学、经济学、行政学等相关学科理论，主要研究方法为：

（1）文献法。文献法主要是收集文字、符号、图画、数字等形式的资料，来分析各种社会现象或社会行为的研究方式。[①] 本书运用文献法收集了中国转型期政策执行的理论资料，为论述提供了坚实基础；在此基础上，提炼出基本分析框架，通过对相关领域政策执行的解析，梳理政策执行的基本规律和模式，从而为解决政策执行问题提供了可行的路径和方向。

（2）案例分析法。即个案研究，就是通过全面收集整理研究特定个体、组织、现象或者主题对象的相关数据、文本、访谈等资料，分析其产生与发展过程中涉及的相关因素。相较于其他研究方法，案例研究通过具体情境、具体案例研究分析相关因素间的因果机理，从而建立复杂的逻辑关系，如路径依赖等，有助于研究从实证上升到理论层次。

六、本章小结

通过对国内外文献的梳理，笔者发现作为社会政策的一个具体研究领

① 风笑天．社会学研究方法（第 2 版）［M］．北京：中国人民大学出版社，2005.

域，国内外学者从理论和实践等层面确定了政策执行研究的框架、理论和模型。在此基础上，笔者对政策执行研究的相关概念做了具体界定和说明，为本书提供了研究基础。

在社会政策执行过程中，需要探讨政策执行与创新的关联，以及影响因素和互动机制。本书的核心问题为地方政府是如何具体执行政策的？政策执行过程中运用了哪些政策创新手段？政策执行和创新带来了哪些影响？

第二章

中国社会政策的演变进程

一、中国社会政策体系的形成

1949 年新中国成立以来，我国取得了举世瞩目的成就，著名经济学家萨缪尔森说，“它（中国）向每一个人提供了粮食、衣服和住房，使他们保持健康，并使绝大多数人获得了教育，千百万人并没有挨饿，道路旁边和街路上并没有一群群昏昏欲睡、目不识丁的乞丐，千百万人并没有遭受疾病的折磨。以此而论，中国的成就就超过世界上任何一个不发达国家”。[①] 其中，社会政策发挥了重要作用。纵观中国社会政策体系的脉络，可将其分为三个主要阶段。

（一）从无到有：中国社会政策体系的形成

自 1949 年新中国成立以来，面对百废待兴的国家，老一辈国家领导人发起全面的社会改革，制定实施了涉及治安整顿、生产恢复等一系列社会政策，政府部门积极采取措施处理历史遗留下来的各种问题。虽然当时的经济、社会发展水平很低，城乡之间存在巨大的制度、文化等层面的差异，但是从社会整体发展来看，国家注重社会的公平和财富的再分配，强调平均主义以及多方位满足人民群众的基本需要。

早在战争年代，毛泽东同志就非常关注老百姓的生老病医等问题，他在《关心群众生活，注意工作方法》一文中就提出了关心群众生活问题是与群众是否支持我们的事业相联系的。他指出：“要得到群众的拥护吗？要群众拿出他们的全力放到战线上去吗？那么，就得和群众在一起，就得去发动群众的积极性，就得关心群众的痛痒，就得真心实意地为群众谋利

① 参见沙健孙．正确理解马克思主义的生产力观点［J］．马克思主义研究，2006（9）．

益，解决群众的生产和生活的问题，盐的问题，米的问题，房子的问题，衣的问题，生小孩子的问题，解决群众的一切问题。”[①] 我们党自诞生以来，就确立了以人民利益为核心的宗旨，关心人民群众生活，全心全意为人民服务是我党的优良传统。这不仅推动了革命事业的胜利发展，也为新中国发展社会政策和社会福利工作奠定了基础。

1949 年以后，我国以苏联模式为参照建立了一套发展社会主义的政策体系，以政府管理社会和单位负责福利为基础，在单位和集体之外，政府主要为一些特殊困难群体和紧急事项作出相关保障，当然，这也与早期遗留的困难有很大关联。1950 年开始，中央有关部门陆续制定了《革命军人牺牲、病故褒恤暂行条例》[②]，当时的政务院颁布了《救济失业工人暂行办法》；[③] 1951 年 2 月，颁布实施了全国统一的《中华人民共和国劳动保险条例》；[④] 1956 年颁布了《中华人民共和国女工保护条例》。[⑤] 1958 年对保险条例做了修正，将条例中的养老保险部分单独颁布执行。这些“办法”和“条例”对职工的医疗、生育、养老、病假、伤残、死亡、失业等方面的待遇问题做了最低标准的规定，从而在一定程度上缓解了职工因生、老、病、死、伤、残、失业等造成的困难，保障了职工的基本生活，调动了广大职工建设祖国的热潮和积极性，对国民经济的恢复发展起到了巨大的促进作用。

在计划经济时期，我国社会政策是缺乏独立地位的，社会保障、社会福利、社会保险等举措仅仅是作为经济体制的一个组成部分，这种状况不利于构建社会政策体系，也不能发挥社会政策的功能和作用。在这样的经济社会体制下，经济政策与社会政策是混合在一起的，没有明显的界线，

---

① 毛泽东选集（第 1 卷）［M］. 北京：人民出版社，1991.

② 1950 年 11 月 25 日由中央人民政府政务院批准，同年 12 月 11 日由内务部发布施行。共 14 条，具体规定了革命军人牺牲后评为革命烈士的条件，对革命烈士和牺牲、病故革命军人家属的抚恤标准以及褒扬革命烈士的具体办法。

③ 劳动部颁发救济失业工人暂行办法［EB/OL］. 中国法院网，https：//www. chinacourt. org/law/detail/1950/06/id/16. shtml.

④ 中华人民共和国劳动保险条例（1951 年 2 月 26 日政务院发布，1953 年 1 月 2 日政务院修正发布）［EB/OL］. 中国法院网，https：//www. chinacourt. org/law/detail/1953/01/id/80. shtml.

⑤《中华人民共和国女工保护条例》（1953 修正）是政务院（已变更）于 1953 年 1 月 2 日发布，自 1953 年 1 月 2 日起施行的法律法规。

甚至可以说经济政策代替了社会政策。国家对社会保险、社会福利、社会救助等都实行统一包揽的政策：在城市，则通过企事业单位来执行；在农村，则主要通过大集体来执行。一般来说，在城市的居民可以享受的保障范围比较广泛，不仅有养老、医疗、工伤、生育、死亡等，还享有住房分配、交通补贴等项目，农村则以个人自给、家庭、邻里的互帮互济为主。要实现公平和公正，社会政策必不可少，这一阶段城乡明显表现为二元性质，国家在福利中的角色具有了二重性，楼苏萍对此做了专门诠释（见图2-1）。岳经纶教授借鉴“社会欧洲”概念提出了构建“社会中国”的概念，并对中国社会发展的历史，尤其是福利制度的发展进行了回顾，其中涉及了新中国成立以来中国社会政策发展、演变的阶段，从而进一步细化了当时的城乡差别体系（如表2-1所示）。虽然这个时期的经济体制与社会体制高度重合，甚至没有出现“社会政策”的字眼，但是从国家所采取的一系列举措我们可以看出，国家建立起了相关的社会政策体系，尽管这是一种狭义的，甚至是相对窄的理念或服务，但是它在一定程度上体现了政府的行动伦理，昭示着我国社会政策体系的初步形成。

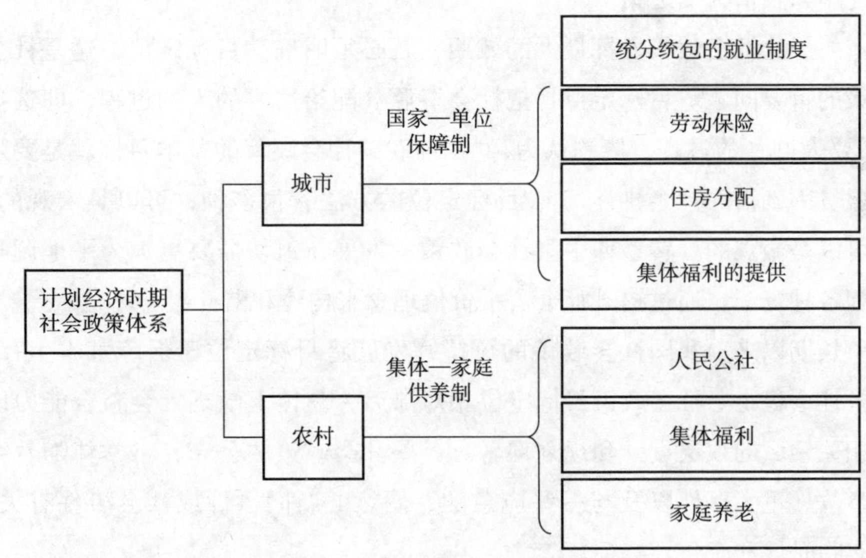

图2-1　计划经济时期社会政策体系[①]

① 楼苏萍．改革开放以来中国社会政策的发展及其逻辑［D］．浙江大学，2009.

表 2-1　改革开放前“二元社会中国”的社会政策体系①

政策领域	城镇社会政策体系	农村社会政策体系
教育	国家资助的义务教育	集体资助的义务教育
医疗	非缴费型的医疗服务（劳保医疗与公费医疗）	农村合作医疗
就业	固定就业	—
社会保障	非缴费型的劳动保险制度 “三无”人员救济	“五保户”政策
住房	福利分房	—

（二）社会政策体系的确立

进入 21 世纪以来，我国的社会政策体系可以从两个方面来进行确立。

1. 社会政策的目标定位

随着我国经济改革的深化和社会主义市场经济体制的逐步建立，社会政策的目标从以往服务于经济改革逐渐转变到服务民生上来，这在政府工作报告中得到了体现，关注民生、保障民生、改善民生是重中之重，是立国之本与长治久安之策。

要想让社会政策发挥最大的效用，就必须明确其目标定位，这是社会政策的首要问题。目标定位是把社会资源分配给需要的人的过程，即选择“需要人群”的过程。唐钧认为，“当前我国社会政策的基本目标就是要从克服贫困到消除社会排斥”。② 目标定位的方法有很多种，可以是宏观的，也可以是微观的。转型期中国社会政策的发展，迫切需要更加公平地调整分配各种资源，通过提升社会公平价值理念来构建和谐社会。

长期以来，我国社会政策的可持续发展将目标定位于保障基本生存，维护社会稳定。社会政策目标定位相对滞后，整体上缺乏社会整合能力以及相关领域的顶层设计和规划部署。一些社会政策的公布，常常伴随着突发事故、重大事件以及与一些应急的、偶然的新闻事件或社会事件有关，具有临时性和应急性特征。

---

① 岳经纶．社会政策与社会中国［M］．北京：中国社会科学文献出版社，2014.

② 唐钧．社会政策的基本目标：从克服贫困到消除社会排斥［J］．江苏社会科学，2002（3）.

进入新时代，社会政策需要与经济政策一同构筑中国社会的平稳机制，从最开始较低的目标定位调整至整合的目标定位。

2. 社会政策的运行机制

社会政策运行机制涉及社会政策的构成要素、功能、相互关系以及工作原理等多方面内容，涵盖了社会政策行动所有阶段和环节。目前我国还没有形成制度化的运行机制，存在诸如民主参与机制不健全、弱势群体利益难以表达、社会政策输送渠道单一、社会政策的发展滞后于经济发展和社会需求等问题。建构科学、合理的社会政策体系，不但有助于社会政策领域的蓬勃发展，而且可促进社会发展，有助于化解社会矛盾，协调社会、经济与政治间的关系，为更好地实现社会公平、正义发挥积极作用。为此，要做好以下几方面的工作。

首先，要加强社会政策能力建设。强化社会政策执行主体的责任及其义务。在政府社会政策能力建设层面，政府部门要通过运用公共权力和公共资源来重新分配以确保社会保障和社会服务的实现，在社会公平方面发挥更大的主导性作用。通过政府社会政策能力建设来培育和发挥政府创造力，创造条件建立制度体系、调动资源、有效运作，以最大限度为市场、企业、社会组织和公民提供服务并承担必要的责任。

其次，社会组织为社会政策运行提供助力。社会组织在提供具体的社会服务方面具有很强的灵活性和机动性，可以在社会政策领域内部起到资源补充、调动和快速服务的作用。我国社会组织发展势头迅猛，各类社会组织以各种名义和形式参与经济社会发展，对社会政策运行有积极的推动作用。但是从数量、质量、规模、类型等方面来看，目前我国社会组织还存在管理不善、组织不力等问题，这与西方国家的社会组织形成鲜明的反差和对比。从英、美等国发展现状来看，社会组织的培育与社会管理及社会服务的成效之间有着积极的正相关关系，即社会组织发达的国家和地区，其社会管理水平和社会服务质量也相对较高。

再次，完善社会政策领域的供求、输送、评估、决策等机制。供求机制是协调需求供给等社会矛盾的机制。以需求为起点服务于目标群体是社会政策建构的基础。社会政策出台之前，需要政策制定者、推进者、参与者、执行者协同搜集、归纳、整理问题背后的实质，客观对政策的参与主体、参与客体、参与形式、参与程序等做出决策。在确定社会问题，并进入社会政策制定阶段，政府、市场、社会组织等都要投入社会政策的运行中。在这方面，我们可借鉴西方发达国家的经验，转变传统模式中统包统揽的思维和工作方式，加强对民间组织的培育和支持力度。

最后，需要对社会政策整个运行过程中的各阶段、各环节及相关问题进行评估与调整，使社会政策更加贴近服务对象的需求。

二、中国社会政策体系的发展

自改革开放以来，我国在经济领域进行了渐进式变革。经过 40 多年高速发展，我国社会经济获得了前所未有的大发展，经济结构调整取得了显著成效。“随着发展经济成为国家的主要方针目标，公共资源也主要向基础设施和固定资产领域进行投放。”① 虽然当前我国社会整体发展水平和居民生活水平有了显著提高，但仍存在一些社会弱势群体，且数量庞大，如果不解决这部分人的困难，将会给社会发展带来不利影响。

为了解决失业问题，我国开始调整劳动就业政策。1980 年，提出“三结合就业方针”，即“在国家统筹规划和指导下，实行劳动部门介绍就业、自愿组织起来就业和自谋职业相结合”的方针。1986 年，国务院颁布了有关实施劳动合同制的四个暂行条例，以劳动合同制为基本内容的劳动就业体制改革正式启动；同时计划经济时期实行的固定就业制度开始发生变动。为配合劳动就业体制改革，特别是劳动合同制度的实施，我国建立了失业保险制度。

1984 年，我国城市经济体制发生变革，社会保障制度纳入国家的议事日程，扶贫政策成为这一时期我国农村社会保障的重要内容。1986 年，我国在全国范围内开展了有计划、有组织的大规模开发式扶贫计划，以期通过经济发展、配套工程、技术培训等措施帮助农村人口脱贫致富。

1991 年，国务院发布了《关于企业职工养老保险制度改革的决定》，明确规定养老保险实行社会统筹，费用由国家、企业和职工三方负担，标

① 岳经纶，陈泽群，韩克庆，等．中国社会政策［M］．上海：上海人民出版社，2009.

志着养老保险制度改革进入了以社会统筹和个人账户相结合的阶段。计划经济时代的非缴费型的劳动保险制度逐步被个人缴费型的保险制度所取代。

为了使社会保障工作适应改革开放以来的新形势，使经济发展与社会保障相互协调，国家和地方都进行了积极探索，取得了一系列显著成效，积累了有益的经验。例如，在教育方面，教育政策逐渐走上正轨，确定了教育政策的发展目标是为社会主义现代化和经济发展服务，并在1985年启动了教育体制改革，在1986年颁布了《中华人民共和国教育法》。在劳动就业方面，随着国有企业改革的发展和深化，我国提出了“积极的就业政策”，把创造就业岗位作为重点，保障下岗和失业职工的基本生活，利用各种措施来增加就业机会。同时，建立了“三条保障线”：第一条是失业保险制度；第二条是工作单位或再就业服务中心为下岗职工提供的生活补贴；第三条是最低生活保障制度。[①] 最低生活保障制度最早于1993年在上海试点，之后中央政府把这一机制向全国推广并负担了保障资金，因而这一机制得以迅速推广。2006年，相关部门做出了将最低生活保障制度扩大到农村的决定。这是一项由政府主导实行的解决城乡低收入居民生活困难和保护孤老病残等特殊群体合法权益的社会救助制度，是这一阶段社会保障体系的重要政策基础。

同时，这一时期另一个重要变革是住房改革。住房条件的改善，是全国人民人居环境改善的一个缩影。在改革开放以前，我国实行福利分房制度，绝大部分城镇居民的住房是租赁单位或房屋管理部门的房屋，仅有少数居民拥有自己的房屋。人口多、面积小、三代同居一室是当时住房条件的真实写照，居民解决住房问题的主要途径是“等国家建房，靠组织分房，向单位要房”。住房制度改革大致经历了试点售房（1979—1985年）、提租补贴（1986—1990年）和以售带租（1991—1993年）等阶段，以及全面推进住房市场化改革阶段（1994—1997年）。1991年，我国城镇住房制度改革进入全面起步阶段；同年，国务院住房制度改革领导小组提出

① 岳经纶．中国劳动政策：市场化与全球化的视野［M］．北京：社会科学文献出版社，2007.

《关于全面推进城镇住房制度改革的意见》。城镇住房制度改革是经济体制改革的重要组成部分，其根本目的是缓解居民住房困难，不断改善住房条件，正确引导消费，逐步实现住房商品化，发展房地产业。按照社会主义商品经济的要求，从改革公房低租金制度着手，由现行公房的实物福利分配制度逐步转变为货币工资分配制度，住户通过商品交换（买房或租房），取得住房的所有权或使用权，使住房这种特殊商品进入消费品市场，实现住房资金投入产出的良性循环。① 1994 年，国务院作出《关于深化城镇住房制度改革的决定》，明确城镇住房制度改革的基本内容，住房建设投资由国家、单位统包的体制转变为国家、单位、个人三者合理负担的体制；把各单位建设、分配、维修、管理住房的体制改变为社会化、专业化运行的体制；把住房实物福利分配的方式改变为以按劳分配为主的货币工资分配方式；建立以中低收入家庭为对象、具有社会保障性质的经济适用住房供应体系和以高收入家庭为对象的商品房供应体系；建立住房公积金制度；发展住房金融和住房保险，建立政策性和商业性并存的住房信贷体系；建立规范化的房地产交易市场和发展社会化的房屋维修、管理市场，逐步实现住房资金投入产出的良性循环，促进房地产业和相关产业的发展。②《关于深化城镇住房制度改革的决定》的出台，开启了城镇住房商品化的大门，标志着我国全面推进住房市场化改革，其意义在于稳步推进公有住房的出售，通过向城镇职工出售原公有住房，逐步完成我国住房商品化的进程。

三、中国社会政策体系的深化

1998 年，新一届中央政府组建了劳动和社会保障部；同年，中央提出“两个确保，三条保障线”，即确保离退休人员按时足额领到养老金，确保下岗人员按时足额领到下岗职工基本生活保障金，建立和完善国有企业下岗职工基本生活保障制度、城市居民最低生活保障制度、失业保险制度。

① 国务院住房制度改革领导小组关于全面推进城镇住房制度改革意见的通知［EB/OL］. 中华人民共和国中央人民政府网站，http：//www. gov. cn/zhengce/content/2016 - 10/18/content_ 5121083. htm.

② 关于深化城镇住房制度改革的决定［EB/OL］. 中华人民共和国中央人民政府网站，http：//www. gov. cn/zhuanti/2015-06/13/content_ 2878960. htm.

与此同时，采取多项措施取消社会保险的行业统筹，消除‘条条分割’现象，使社会保险体系逐渐“去单位化”和走向“社会化”。① 进入 21 世纪以来，党和国家高度关注社会政策问题，并对其进行积极的政策响应。为了抑制经济发展过程中出现的新的不公平、贫富差距拉大等问题，开始在社会领域积极建设和发展新的体制机制，出台一系列相关社会政策以深化完善我国的社会政策体系，如表 2-2 所示。

表 2-2　党和国家近年来关于社会政策范畴的表述②

2003. 10	十六届三中全会③	五个统筹 深刻阐述科学发展观
2004. 09	十六届四中全会④	不断提高构建社会主义和谐社会的能力
2005. 10	十六届五中全会⑤	必须促进城乡区域协调发展 必须加强和谐社会建设 坚持实施积极的就业政策 基本建立新型农村合作医疗制度
2006. 10	十六届六中全会⑥	把构建社会主义和谐社会摆在更加突出的地位 着力发展社会事业 推动社会建设与经济建设、政治建设、文化建设协调发展
2007. 10	十七大报告⑦	加快推进以改善民生为重点的社会建设，努力使全体人民学有所教、劳有所得、病有所医、老有所养、住有所居
2008. 10	十七届三中全会⑧	要大力推进改革创新，加强农村制度建设 推进农村改革发展，关键在党
2009. 09	十七届四中全会⑨	加强和改进新形势下党的建设若干重大问题

① 郑功成．中国社会保障 30 年［M］．北京：人民出版社，2008.

② 数据来源于人民网、新华网等网站十六大以来历次中央全会主题关键词摘编。

③ 中国共产党第十六届中央委员会第三次全体会议公报（2003 年 10 月 14 日中国共产党第十六届中央委员会第三次全体会议通过）。

④ 中国共产党第十六届中央委员会第四次全体会议公报（2004 年 9 月 19 日中国共产党第十六届中央委员会第四次全体会议通过）。

⑤ 中国共产党第十六届中央委员会第五次全体会议公报（2005 年 10 月 11 日中国共产党第十六届中央委员会第五次全体会议通过）。

⑥ 中国共产党第十六届中央委员会第六次全体会议公报（2006 年 10 月 11 日中国共产党第十六届中央委员会第六次全体会议通过）。

⑦ 胡锦涛．高举中国特色社会主义伟大旗帜 为夺取全面建设小康社会新胜利而奋斗——在中国共产党第十七次全国代表大会上的报告（2007 年 10 月 15 日）。

⑧ 中国共产党第十七届中央委员会第三次全体会议公报（2008 年 10 月 12 日中国共产党第十七届中央委员会第三次全体会议通过）。

⑨ 中国共产党第十七届中央委员会第四次全体会议公报（2009 年 9 月 18 日中国共产党第十七届中央委员会第四次全体会议通过）。

续表

2010.10	十七届五中全会①	中共中央关于制定国民经济和社会发展第十二个五年规划的建议
2011.10	十七届六中全会②	坚持中国特色社会主义文化发展道路，深化文化体制改革，推动社会主义文化大发展大繁荣
2012.11	十八大报告③	推动城乡发展一体化 在改善民生和创新管理中加强社会建设
2013.11	十八届三中全会④	要改进社会治理方式，激发社会组织活力，创新有效预防和化解社会矛盾体制，健全公共安全体系，设立国家安全委员会，完善国家安全体制和国家安全战略
2014.10	十八届四中全会⑤	全面推进依法治国，总目标是建设中国特色社会主义法治体系，建设社会主义法治国家
2015.10	十八届五中全会⑥	推动城乡协调发展，健全城乡发展一体化体制机制，健全农村基础设施投入长效机制，推动城镇公共服务向农村延伸，提高社会主义新农村建设水平 必须坚持发展为了人民、发展依靠人民、发展成果由人民共享，作出更有效的制度安排，使全体人民在共建共享发展中有更多获得感，增强发展动力，增进人民团结，朝着共同富裕方向稳步前进 增加公共服务供给，从解决人民最关心最直接最现实的利益问题入手，提高公共服务共建能力和共享水平，加大对革命老区、民族地区、边疆地区、贫困地区的转移支付。实施脱贫攻坚工程，实施精准扶贫、精准脱贫，分类扶持贫困家庭，探索对贫困人口实行资产收益扶持制度，建立健全农村留守儿童和妇女、老人关爱服务体系 建立更加公平更可持续的社会保障制度，实施全民参保计划，实现职工基础养老金全国统筹，划转部分国有资本充实社保基金，全面实施城乡居民大病保险制度。推进健康中国建设，深化医药卫生体制改革，理顺药品价格，实行医疗、医保、医药联动，建立覆盖城乡的基本医疗卫生制度和现代医院管理制度，实施食品安全战略

① 中国共产党第十七届中央委员会第五次全体会议公报（2010 年 10 月 18 日中国共产党第十七届中央委员会第五次全体会议通过）。

② 中国共产党第十七届中央委员会第六次全体会议公报（2011 年 10 月 18 日中国共产党第十七届中央委员会第六次全体会议通过）。

③ 胡锦涛．坚定不移沿着中国特色社会主义道路前进 为全面建成小康社会而奋斗——在中国共产党第十八次全国代表大会上的报告（2012 年 11 月 8 日）。

④ 中国共产党第十八届中央委员会第三次全体会议公报（2013 年 11 月 12 日中国共产党第十八届中央委员会第三次全体会议通过）。

⑤ 中国共产党第十八届中央委员会第四次全体会议公报（2014 年 10 月 23 日中国共产党第十八届中央委员会第四次全体会议通过）。

⑥ 中国共产党第十八届中央委员会第五次全体会议公报（2015 年 10 月 29 日中国共产党第十八届中央委员会第五次全体会议通过）。

续表

2016.10	十八届六中全会①	坚定推进全面从严治党，坚持思想建党和制度治党紧密结合，集中整饬党风，严厉惩治腐败，净化党内政治生态，党内政治生活展现新气象
2017.10	十九大报告②	我国社会主要矛盾已经转化为“人民日益增长的美好生活需要和不平衡不充分的发展之间的矛盾” 坚持在发展中保障和改善民生。必须多谋民生之利、多解民生之忧，在发展中补齐民生短板、促进社会公平正义，在幼有所育、学有所教、劳有所得、病有所医、老有所养、住有所居、弱有所扶上不断取得新进展，深入开展脱贫攻坚，保证全体人民在共建共享发展中有更多获得感，不断促进人的全面发展、全体人民共同富裕
2018.02	十九届三中全会③	治理好我们这样的大国，要理顺中央和地方职责关系，更好发挥中央和地方两个积极性 增强地方治理能力，加强基层政权建设，构建简约高效的基层管理体制 加快推进国家治理体系和治理能力现代化，更好发挥我国社会主义制度优越性
2019.11	十九届四中全会④	审议通过了《中共中央关于坚持和完善中国特色社会主义制度、推进国家治理体系和治理能力现代化若干重大问题的决定》 与时俱进完善和发展中国特色社会主义制度和国家治理体系 严格遵守和执行制度。制度的生命力在于执行

民为邦本，本固邦宁。十六大以来，党和政府把以民生为重点的社会建设摆在了更加突出的位置，社会建设上升至与经济建设、政治建设和文化建设并重的“四大建设”之一。2002年底召开的十六大阐释了“效率优先，兼顾公平”的科学内涵，提出“初次分配效率优先，再次分配注重公平”。

2005年2月，在“提高构建社会主义和谐社会能力专题研讨班”开学典礼上，胡锦涛提出“社会建设”的要求。十七大报告对社会建设给予高

① 中国共产党第十八届中央委员会第六次全体会议公报（2016年10月27日中国共产党第十八届中央委员会第六次全体会议通过）。

② 习近平．决胜全面建成小康社会夺取新时代中国特色社会主义伟大胜利——在中国共产党第十九次全国代表大会上的报告（2017年10月18日）。

③ 中国共产党第十九届中央委员会第三次全体会议公报（2018年2月28日中国共产党第十九届中央委员会第三次全体会议通过）。

④ 中国共产党第十九届中央委员会第四次全体会议公报（2019年10月31日中国共产党第十九届中央委员会第四次全体会议通过）。

度重视，正式把社会建设列为党的重要工作之一，提出要“加快推进以改善民生为重点的社会建设”，努力形成“全体人民学有所教、劳有所得、病有所医、老有所养、住有所居”的美好局面。十七届五中全会更是进一步提出：“着力保障和改善民生，必须逐步完善符合国情、比较完整、覆盖城乡、可持续的基本公共服务体系，提高政府保障能力，推进基本公共服务均等化，加强社会管理能力建设，创新社会管理机制，切实维护社会和谐稳定。”

2006 年 10 月，中共十六届六中全会通过的《关于构建社会主义和谐社会若干重大问题的决定》（以下简称《决定》），《决定》提出：实现科学发展，需要统筹处理一系列重要关系，包括城乡发展、区域发展、经济与社会发展，人与自然发展，国内发展与对外开放之间的关系等。统筹处理这些关系，关键是要深刻认识其内在联系，片面强调某个方面都是不科学的，特别是医疗卫生、教育、社会保障等领域，直接关系人民群众的切身利益。近年来大家反映较多的社会事业发展滞后的问题，要抓紧落实解决，在相关领域提供基本公共服务，既是社会事业发展的需要，也是经济发展的需要。同时《决定》也提出：“社会公平正义是社会和谐的基本条件，制度是社会公平正义的根本保证，必须加紧建设对保障社会公平正义具有重大作用的制度。”在加快经济发展的同时，通过体制和政策上的收入分配调整，让越来越多的人切实体会到发展成果分配的公平性。这为各级政府落实党中央构建社会主义和谐社会的部署提供了行动方向。建设对保障社会公平正义具有重大作用的制度，要求政府从具体事务中解脱出来，把精力放在制度建设这样具有战略意义的举措上。

2007 年 10 月召开的中共十七大对科学发展观的时代背景、科学发展的内涵和精神实质进行了深刻阐述，对深入贯彻落实科学发展观提出了明确要求。科学发展观，第一要义是发展，核心是以人为本，基本要求是全面协调可持续，根本方法是统筹兼顾。深入贯彻落实科学发展观，要求我们积极构建社会主义和谐社会，社会和谐是中国特色社会主义的本质属性，科学发展和社会和谐是内在统一的。没有科学发展就没有社会和谐，没有社会和谐也难以实现科学发展。构建社会主义和谐社会是贯穿中国特色社会主义事业全过程的长期历史任务，是在发展的基础上正确处理各种社会矛盾的历史过程和社会结果。因此，无论是经济建设还是社会发展，终极目标都是为了增进人民的福祉。

2012 年 11 月召开的中共十八大，从召开的时机和背景看，这次大会是在国内外形势发生深刻变化的背景下召开的。世界格局深度调整，国际金融危机影响深远，各国利益摩擦和矛盾冲突加剧，国际环境比以往任何时候都更为复杂。我国处于深化改革开放、加快转变经济发展方式、预防社会风险和矛盾、稳定改革发展胜利果实的关键时期；同时，也面临着一系列潜在困难和挑战。从社会政策领域来看，党的十七大报告提出加快推进以改善民生为重点的社会建设，党的十八大报告再次指出："加强社会建设，必须以保障和改善民生为重点。"这是对社会建设规律认识的升华，此后我国在社会政策领域发生了三个转向：加快社会建设转向加强社会建设，民生为重点转向民生与社会管理并重，完善社会治理转向加强和创新社会管理。

2013 年 11 月召开的十八届三中全会提出全面深化改革的总目标是完善和发展中国特色社会主义制度，推进国家治理体系和治理能力现代化。习近平同志提出："国家治理体系是在党领导下管理国家的制度体系，包括经济、政治、文化、社会、生态文明和党的建设等各领域体制机制、法律法规安排，也就是一整套紧密相连、相互协调的国家制度；国家治理能力则是运用国家制度管理社会各方面事务的能力，包括改革发展稳定、内政外交国防、治党治国治军等各个方面。"[①] 国家治理体系和治理能力两者相辅相成，相互联系，但是二者各有侧重。习近平同志继续指出："国家治理体系和治理能力是一个国家的制度和制度执行能力的集中体现，两者相辅相成，单靠哪一个治理国家都不行。治理国家，制度是起根本性、全局性、长远性作用的。然而，没有有效的治理能力，再好的制度也难以发挥作用。同时，还要看到，国家治理体系和国家治理能力虽然有紧密联系，但又不是一码事，不是国家治理体系越完善，国家治理能力自然而然就越强。纵观世界，各国各有其治理体系，而各国治理能力由于客观情况和主观努力的差异又有或大或小的差距，甚至同一个国家在同一种治理体

① 2013 年 11 月 12 日，习近平在党的十八届三中全会第二次全体会议上的讲话。

系下不同历史时期的治理能力也有很大差距。正是考虑到这一点，我们才把国家治理体系和治理能力现代化结合在一起提。”①

在改革的深入阶段，我们必须坚定坚持公有制为主体、多种所有制经济共同发展的基本经济制度，这是中国特色社会主义制度的重要支柱，也是社会主义市场经济体制的根基，是我国经济社会发展的重要基础。“要把促进社会公平正义、增进人民福祉作为一面镜子，审视我们各方面体制机制和政策规定，哪里有不符合促进社会公平正义的问题，哪里就需要改革；哪个领域哪个环节问题突出，哪个领域哪个环节就是改革的重点”。②要更好保障和改善民生，促进社会公平正义，深化社会体制改革，改革收入分配制度，促进共同富裕，推进社会领域制度创新，推进基本公共服务均等化，加快形成科学有效的社会治理体制，确保社会既充满活力又和谐有序。

2017 年 10 月召开的党的十九大报告指出，社会主要矛盾已经由“人民日益增长的物质文化需要同落后的社会生产之间的矛盾”转化为“人民日益增长的美好生活需要和不平衡不充分的发展之间的矛盾”。并且指出，人民群众对美好生活的需要日益广泛，不仅对物质文化生活提出了更高要求，而且在民主、法治、公平、正义、安全、环境等方面的要求日益增长。为了有效回应这些新需要，解决社会的新矛盾，十九大报告在社会政策领域中提出要建立“共建共治共享”的社会治理格局，加强社会治理的制度建设；同时，要提高社会治理社会化、法治化、智能化和专业化水平，加强公共安全体系、社会治安防控体系、社会心理服务体系和社区治理体系建设。

2019 年 11 月召开的党的十九届四中全会聚焦于国家治理体系和治理能力建设，系统地总结了“中国之治”的 13 项制度原则。这些制度原则的确立，凝聚了新中国成立以来尤其是党的十八大以来党中央治国理政的政治智慧，已经成为支撑经济快速发展、维护社会长期稳定的基本制度安排。社会治理作为国家治理的重要方面，必须加强和创新社会治理，建设

① 2014 年 2 月 17 日，习近平在省部级主要领导干部学习贯彻十八届三中全会精神全面深化改革专题研讨班上的讲话。

② 2013 年 11 月 12 日，习近平在党的十八届三中全会第二次全体会议上的讲话。

人人有责、人人尽责、人人享有的社会治理共同体，确保人民安居乐业、社会安定有序。

从具体的政策内容来看，可以从教育政策、医疗政策、就业政策、社会保障政策和住房政策展开。

教育政策方面，从2003年开始，中央政府决定将更多的教育资源投入农村教育。2004年，中央政府决定减免贫困地区义务教育阶段学杂费。2005年新修订的《中华人民共和国义务教育法》规定："为了保障适龄儿童、少年接受义务教育的权利，保证义务教育的实施，提高全民族素质，根据宪法和教育法，制定本法。义务教育是国家统一实施的所有适龄儿童、少年必须接受的教育，是国家必须予以保障的公益性事业，实施义务教育，不收学费、杂费……义务教育经费投入实行国务院和地方各级人民政府根据职责共同负担，省、自治区、直辖市人民政府负责统筹落实的体制。农村义务教育所需经费，由各级人民政府根据国务院的规定分项目、按比例分担。各级人民政府对家庭经济困难的适龄儿童、少年免费提供教科书并补助寄宿生生活费。县级人民政府编制预算，除向农村地区学校和薄弱学校倾斜外，应当均衡安排义务教育经费。"① 至此，义务教育制度在全国开始执行。

医疗政策方面，2003年随着科学发展观、和谐社会等发展理念的确立，同时2003年"非典"疫情暴发，我国开始加强公共卫生体系建设。在中央财政补贴支持下，2003年开始推进城镇医疗卫生体制改革工作，新型农村合作医疗开始试点与扩面，农民工也可以享受职工基本医疗保险。2005年，我国基本建成了覆盖省、市、县三级的疾病预防控制体系。2006年，大力发展城市社区卫生服务，进一步深化卫生服务建设。2007年，城镇居民基本医疗保险创立并发展，同时扩大了国家免疫规划范围。2008年，新型农村合作医疗制度在全国范围全面推行，农村三级卫生服务网络和城市社区卫生服务体系网络逐步健全完善。2009年，"新医改"将医药卫生体制改革的目标转变为建立健全覆盖城乡居民的基本医疗卫生制度，实现人人享有基本医疗卫生服务。党的十八大以来，习近平同志把"推进

① 参见《中华人民共和国义务教育法》。

健康中国建设”摆到重要地位，提出“没有全民健康，就没有全面小康”的重要论断，提出必须把人民健康放在优先发展的战略地位，把“以治病为中心”转变为“以人民健康为中心”，树立“大健康”理念，“全方位、多领域、广周期”保障人民健康和安全。

就业政策方面，进入21世纪，随着经济社会发展进入新的阶段，我国的就业战略更加清晰，就业政策更加丰富。就业被置于更加优先的地位，进入民生战略的高度，更加强调经济增长要以就业为导向。同时，就业政策体系更加完善，一系列有关就业的规划、意见和办法相继出台，确立保持经济一定速度的增长是解决我国就业问题的基本政策。2002年，党的十六大确立了全面建设小康社会的宏伟蓝图，深入贯彻落实科学发展观，更加注重保障和改善民生。与此相适应，把社会就业比较充分作为全面建设小康社会奋斗目标的重要内容，明确提出就业是民生之本，促进就业是安国之策。2006年，国务院出台《关于解决农民工问题的若干意见》，明确提出要尊重和维护农民工的合法权益，消除对进城农民工的歧视性规定和体制性障碍，使他们和城市职工享有同等的权利。2007年，党的十七大强调实施扩大就业的发展战略，促进以创业带动就业。2008年，在应对国际金融危机的严峻挑战中，国家制定实施了更加积极的就业政策，出台了发展经济拉动就业、帮扶企业稳定岗位的政策举措，开启了创业带动就业新的增长点。2009年，《国务院关于做好当前经济形势下就业工作的通知》明确把就业工作摆在了更加突出的位置，提出着重做好企业职工稳定就业、高校毕业生就业、失业人员再就业、农民工就业。至此，我国“广渠道、多领域、较自主”的就业模式和机制形成并发展。

社会保障政策方面，我国的社会保障体系具有鲜明的中国特色，除包括世界范围通行的社会救济、社会保险和社会福利三个层次之外，还把社会优抚制度作为特殊层次的保障举措列进来，形成了四个层次的中国特色社会保障体系。1998年，劳动与社会保障部成立，我国城市社会保障制度改革进入全新的规范化阶段，在配合支持国有企业体制改革的过程中，我国城市社会保障制度逐步走向法治化、统一化和社会化。2003年10月，中共十六届三中全会通过的《中共中央关于完善社会主义市场经济体制若干问题的决定》明确提出加快建设与经济发展水平相适应的社会保障体系；同年，民政部发布《关于建立城市医疗救助制度有关事项的通知》，国务院制定了《关于实施农村医疗救助的意见》。2004 年 3 月，“国家建立健全同经济发展水平相适应的社会保障制度”被写入宪法，这标志着社会保障制度不再仅仅作为国有企业改革的配套措施或市场经济体制改革的配套设施，而是成了一项基本的社会制度。2005 年，民政部、卫生部、劳动保障部和财政部共同颁布《关于建立城市医疗救助制度试点工作的意见》。2006 年，全国农村工作会议提出在全国推行农村低保制度。2007 年，开始全国建立农村最低生活保障。2008 年，国家提出要进一步扩大农民工等非正规就业人员参加社会保险，制订全国统一的相关社会保险办法。党的十九大报告进一步强调“加强社会保障体系建设”，明确提出“按照兜底线、织密网、建机制的要求，全面建成覆盖全民、城乡统筹、权责清晰、保障适度、可持续的多层次社会保障体系”。

住房政策方面，从 1998 年开始，为了应对亚洲金融危机，国务院发布《关于进一步深化城镇住房制度改革加快住房建设的通知》，决定建立住房分配货币化、住房供给商品化的住房新体制，建立和完善以经济适用住房为主的住房供应体系，即最低收入家庭租赁廉租房。保障性住房的严重不足，致使在城市生活的居民普遍感觉“住房难，买房贵”，从 2004 年开始，国家开始重视保障性住房的建设。2005 年 3 月，国务院下发《关于切实稳定住房价格的通知》，提出抑制住房价格过快上涨的八项措施，即“国八条”，但“国八条”措施过于刚性，地方政府操作性不强，对于抑制房价等体现的作用并不明显。随后《国务院办公厅转发建设部等部门关于做好稳定住房价格工作意见的通知》，即“新国八条”，严控投资型购房和投机型炒房行为，进一步明确要稳定全国住房供需平衡。2007 年 8 月，国务院常务会议通过了《国务院关于解决城市低收入家庭住房困难的若干意见》，把解决城市低收入家庭住房困难作为政府公共服务的一项重要职责，要求各地加快建立健全以廉租住房制度为重点、多渠道解决城市低收入家庭住房困难的政策体系，加大财税等政策支持，建立健全廉租房制度，改进和规范经济适用房制度。随着“重市场、轻保障”住房政策理念的重大转变，我国保障性住房进入历史发展快车道，低收入困难家庭住房条件明显改善，住房供应体系进入普通商品住房、保障性住房并重发展阶段。2011 年开始的《国民经济和社会发展“十二五”规划纲要》指出：“十二五”时期要加快构建以政府为主提供基本保障、以市场为主满足多层次需求的住房供应体系，保障房建设规模空前，多层次住房保障体系和供应体系初步形成。

总而言之，一个打破城乡分割、职业分割、地域分割的社会政策体系正在建立、发展，并逐渐走向成熟。为更加直观了解中国社会政策的发展历程，可参见图 2-2。

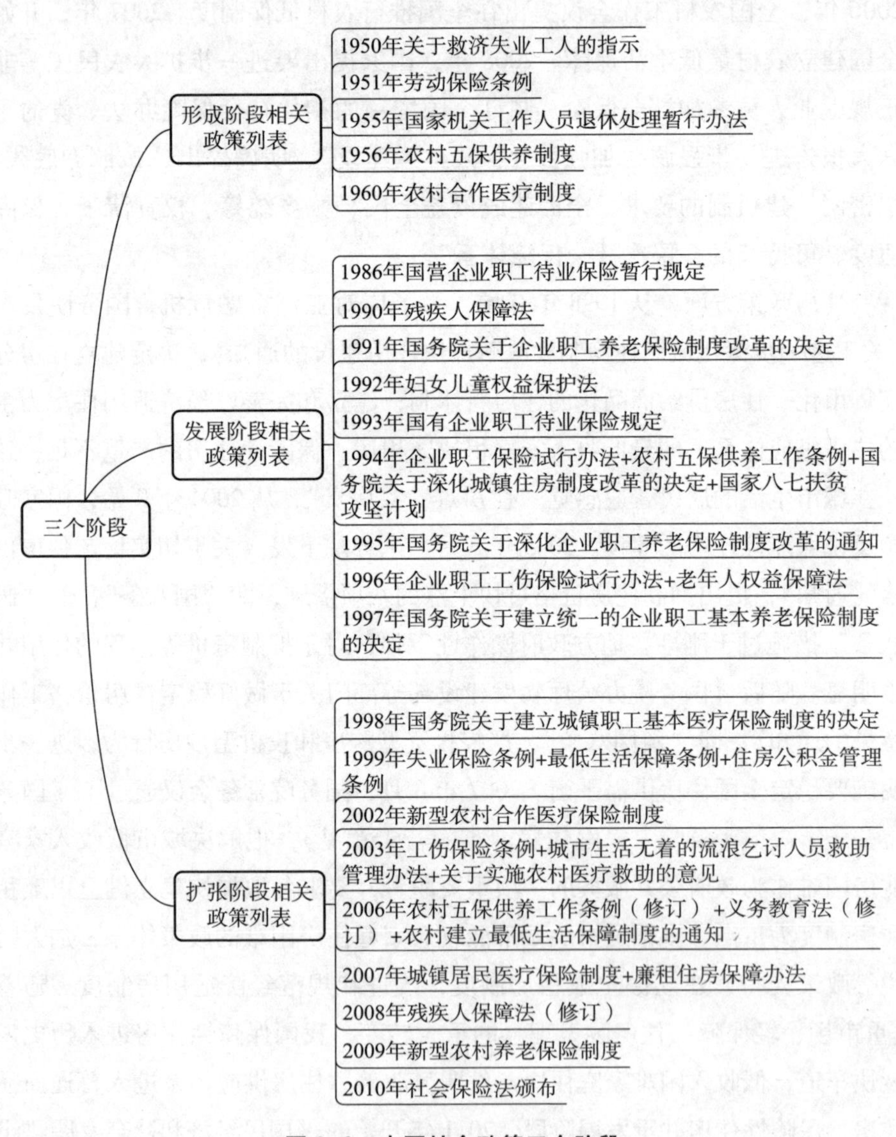

图 2-2　中国社会政策三个阶段

进入21世纪以来，社会政策内容已经涉及人民需求的方方面面，通过搜索中华人民共和国国务院政策文件库可以发现我国社会保障政策建设非常丰富（见图2-3）。截至2020年2月20日，政策文件库中中央层面的相关文件有83件，国务院文件有622件之多。在国家政策环境和长远目标支持下，一个关注民生、重视民生的新时代已经来临，这也是中国特色社会主义建设的内在要求。

中央有关文件

全国社会保障基金理事会职能配置、内设机构和人员编制规定（2018-09-11）
中共中央 国务院关于抓好“三农”领域重点工作确保如期实现全面小康的意见（2020-02-05）
中共中央办公厅 国务院办公厅印发《关于做好2020年元旦春节期间有关工作的通知》（2019-12-26）
中共中央 国务院关于保持土地承包关系稳定并长久不变的意见（2019-11-26）
中共中央办公厅 国务院办公厅印发《关于减轻中小学教师负担进一步营造教育教学良好环境的若干意见》（2019-12-15）

国务院文件

全国社会保障基金条例（2016-03-28）
国务院关于印发完善城镇社会保障体系试点方案的通知（2010-11-12）
国务院关于批转社会保障“十二五”规划纲要的通知（2012-06-27）
国务院办公厅转发劳动保障部关于做好被征地农民就业培训和社会保障工作指导意见的通知（2008-03-28）
国务院批转劳动保障部等部门关于辽宁省完善城镇社会保障体系试点情况报告的通知（2008-03-28）

图2-3　国务院政策库中关于社会保障体系方面的政策文件

四、中国社会政策的基本特征

任何国家的社会政策发展都是在一定的社会、人文、时空环境下进行的，离不开特定政治、社会、文化、环境、经济、人口和意识形态等多种因素的影响和制约。

（一）社会政策的价值标准

任何一项社会政策都是建立在一定的价值标准之上的，价值标准都代表了社会公众的价值诉求。社会政策要体现全社会共有的社会性价值，不同的价值理念就会有不同的政策导向。当代中国的社会政策目标是以人为本构建公平、公正，公众充分享有权利、广泛参与政策执行的和谐社会。

第一，公平作为社会政策的最基本价值，在现代社会运行以及国家行政体系中的地位越来越凸显，公平是我国一切政策实施的基本价值标准。公平本质上就寻求一种平等，可以是多层次的、有差别的，包括机会的公平、过程的公平以及结果的公平等，允许人与人之间在个别层面上存在差别，不同价值层面有不同的利益倾向，这种倾向表现为一定社会中占主导地位的评价标准。社会政策既要体现结果的公平，又要满足社会成员需求的公平。面对各种利益主体、政治环境以及社会客观因素影响，努力做到国家、集体、个人不同利益主体、不同区域之间的利益平衡与公平。

第二，公正作为一个社会政策的基本价值标准，普遍强调的是在自由、平等、合作、参与、协调、沟通的基础之上的“公民应得”。伴随着经济社会的不断发展，必然出现利益的分化，从而导致群体基于利益的差异化。市场难以调节，需要依靠政府行为，通过政府制定政策对社会利益关系进行适当协调。政府部门调整社会利益关系必须以社会公正为基本价值标准，否则会造成各利益群体之间的隔阂、矛盾与冲突。

第三，从权利角度而言，马歇尔认为，在社会政策中，权利可以分为公民权利、政治权利和社会权利三个方面，即公民资格的三个要素。① 马歇尔认为，“在西方主流国家中公民权利的发展是一个渐进式过程。首先得以实现的是公民权利，在18世纪末至19世纪初法律充分保障了每一个公民平等的自由，包括言论、迁徙等。19世纪末至20世纪初通过投票权和政治参与得以实现的是公民的政治权利。虽然，在最初的时候只有少数富有的男性公民得到了这种权利，但是，这仅仅是一个开端，选举权的范围进一步扩大，最终成为每一个公民都享有的政治权利。以公民权利和政治权利为基础，公民权利在20世纪实现了其终极形式，即公民的

① ［美］T. H. 马歇尔，安东尼·吉登斯．公民身份与社会阶级［M］．郭忠华，等译．南京：江苏人民出版社，2008.

社会权利”。[①] 纵观当前我国经济社会转型期的发展现状，需要进一步强化社会权利的扩展，按照整体性原则，针对公众的需求提供更好的保障和服务。

（二）中国社会政策的基本特征

经过多年发展，我国社会政策体系成功地从计划经济时代模式转型为适应市场经济的社会政策发展模式，从以经济建设为目标转化为经济与社会“齐步走”，从“重福利、轻效率”转变为“公平与效率”并重，中国社会政策体系在这种“决定的变化”与“相对的稳定”中不断发展，具体来说，具有以下基本特征。

1. 碎片化的政策体系

碎片化，相对于整体化而言，政策体系内的碎片化，主要是指构成政策的政策网络和政策运行的非系统性，可以表现为非规范性、非持续性和非生态性。政策碎片化，导致政策执行效率更低、牵制更多发展的问题。这种“碎片化”的趋势集中体现在社会保障政策中。利伯索尔（Lieberthal）和兰普顿（Lampton）在1992年提出“碎片化权威”（Fragmented authoritarianism）概念，主要用来分析和描述20世纪80年代后中国公共政策过程特征。面对已经来临的社会政策时代，王思斌认为，“社会政策时代是一个国家或地区，通过改善困难群体和弱势群体的生存、生活状况以及以增进社会群体成员的社会福祉为目标的政策形成，并且是政策能够有效执行的发展阶段”。[②] 然而，由于我国现行的社会政策体系具有明显的城乡二元分割和地区差异，社会政策体系是以碎片化的身份而不是统一的公民身份建立起来的；具体而言，就是根据户籍、阶层、所有制、职业、行政级别等身份建构起来的。

以社会保障政策为例，主要内容就包括社会福利、社会救助、社会保险、慈善事业等几大部分，具体政策项目又可以分为城镇以及农村不同层次。因户籍、地位、身份、所有制差异等因素的影响，社会保障政策在城

---

① ［美］T. H. 马歇尔，安东尼·吉登斯．公民身份与社会阶级［M］．郭忠华，等译．南京：江苏人民出版社，2008.

② 王思斌．社会政策时代与政府社会政策能力建设［J］．中国社会科学，2004（6）.

市和乡镇之间存在较大差别，导致一部分人无法享受到同等质量和水平的福利及服务。

2. 社会服务层次较低

社会政策执行中的一个关键环节便是社会服务，社会服务的内容和水平直接决定了一个国家福利的提供，甚至直接影响公民的福祉。在计划经济时期，我国建立了一系列社会保障制度，但由于经济发展水平低，我国的福利和服务水平也较低。改革开放以来，我国在经济领域取得了巨大进步，各方面成绩骄人，人民生活水平逐渐得到了提高，减少贫困人口成为主要任务。为了进一步巩固和扩大改革开放的成果，减少发展过程中出现的低收入群体、贫困群体等弱势群体，相关部门通过大量调研、试点，建立了诸如最低生活保障、失业保险、下岗人员基本生活补贴、最低工资等社会保障政策措施，这些措施实施在一定程度上起到了社会保护的作用。但是，这些保障措施所提供的保障水平还较低、覆盖面也偏窄，这进一步促使“广覆盖、保基本、多层次、可持续”等政策理念诞生。

另外，我国于 1994 年推行分税制，地方政府收入相应减少。例如，2006 年中央与地方的财政收入比例约为 52. 8%：47. 2%，中央与地方财政支出的比例为 25. 7%：75. 3%，地方政府财政收入与地方政府财政支出的缺口较大。[①] 然而，在地方政府财政收入偏紧的情况下，地方政府往往“拆东墙补西墙”，缺乏足够的资金去推行民生服务，从而降低了社会服务的层次。

3. 城乡二元结构明显

城乡二元结构是我国在社会发展进程中遗留的一个现实问题，也是很多国家广泛存在的问题，即城乡生产和组织的不对称性，落后的传统农业与先进的现代经济并存导致的一种社会经济状态。改革开放前，我国的城乡二元结构是先进发达城市社会与贫穷落后的农村社会。城乡二元结构最明显的体现莫过于城乡之间的贫富差距。总体上来说，城镇居民的收入增长较快，农民收入增长相对缓慢，整个社会财富的分配出现了一种“马太

---

① 中国经济周刊．新分税制调整方案形成，中央地方将重新分配［EB/OL］．凤凰网网站，http：//news. ifeng. com/mainland/200806/0630_ 17_ 623476. shtml.

效应”，即富的更富、穷的更穷。相关资料显示，我国的城乡收入差距经历了一个“U”字形发展路径。“从 2010 年开始，农村居民收入增速连续多年超过城镇居民收入……2012 年，农村居民收入再次‘跑赢’城镇居民。”① 农村经济的好坏直接决定着城市经济和社会生活的发展，农村的发展是关系到民族团结、祖国繁荣的重大战略方针，关系到各族人民群众生活水平的提高，关系到贫困地区的最终脱贫致富，关系到整个改革、发展和稳定的全局。如果说工业化初期农业支持工业是一个历史的必然，那么在工业化达到相当程度以后，通过工业反哺农业、城市支持农村，也应该成为发展的必然。

在计划经济时期，我国以户籍制度为基础，形成了城乡分割，而国家为农民提供的社会保护十分有限，各项制度不完善，农民主要依靠集体和家庭获得基本生活保障。而在城市，国家为城市居民提供了包括教育、医疗、住房、就业在内的社会保障。具体对比可参见计划经济时期至改革开放时期城乡社会政策对比，如表 2-3 所示。

表 2-3　计划经济时期至改革开放时期城乡社会政策对比

政策领域	城镇政策体系	农村政策体系
教育	义务教育	乡村教育
医疗	非缴费型医疗（公费与劳保）	农村合作医疗
就业	统一分配	自给自足
住房	福利分房	自力更生

改革开放以后，随着市场化竞争机制的形成，城乡分割在某种程度上进一步加剧。“有数据证实，城乡分割扩大了不公平现象，城乡医疗差距方面，88.1%部分被认为是不公平的，仅有 11.9%是合理的，并且越是在大额医疗支出上，城乡分割越严重。”② 教育、医疗卫生和社会保障方面的公共资源大部分流向城镇，而不是农村。据《中国青年报》报道，“2002

① 国家统计局．中国城乡居民收入差距比为 3.1：1［EB/OL］．中商情报网网站，http：//www.askci.com/news/201301/23/2315402157017.shtml.

② 马超，顾海，等．我国医疗保健的城乡分割问题研究——来自反事实的分析［J］．经济学家，2012（12）.

年全社会教育投资5800多亿元，占总人口60%以上的农村只获得其中的23%。另据统计，城市人口中拥有高中、中专、大专、本科、研究生学历的人数，分别是农村人口的3.5倍、16.5倍、55.5倍、281.5倍、323倍”。[①] 从1993年党的十四届三中全会通过《关于建立社会主义市场经济体制若干问题的决定》开始，建立现代企业制度成为市场化的主要目标，企业具有自主用工的权利，并根据劳动力市场决定工资水平。在计划经济条件下，农村劳动力被限制在农村，城市对农村劳动力的需求采取“召之即来、挥之即去”的政策，这种情况一直延续到改革开放以后。1984年1月，中共中央发出《关于农村工作的通知》，允许务工、经商、办服务业的农民自理户口到城镇落户，从此大量的农村劳动力开始流向城市，但是城乡二元结构并没有根本改变。[②] 居住在城市的农民基本上无法享受城镇的福利待遇，他们只能从事最艰苦、最危险的工作，却无法享受城镇最低生活保障、廉租房、城镇医疗等福利和服务。

4. 社会政策支出偏低

社会政策支出的多少直接决定一个国家国民幸福指数或者说决定了一个国家公民享受的福利待遇。从西方国家来看，欧盟成员国每年在社会政策上的支出大约占国民生产总值的30%，社会政策支出涉及公民生活的方方面面，需要政府介入并且投入大量的财力物力，因而被称为高福利国家。

改革开放以来，我国以经济建设为核心，兼顾发展社会事业，重点发展经济。改革开放初期，以“效率优先、兼顾公平”为政策导向，大量的公共支出用于基础设施建设，有力地拉动和促进了经济的发展。但是，社会支出类占比偏低。从我国公共支出分类来看，首先是财政资金用于行政管理支出的比例大，其次是经济建设的支出过大，教育、医疗、卫生、服务等社会政策方面的支出比例不是很高，国防支出也较低。我国社会政策支出类别主要有“社会文教支出”和“社会事业支出”两方面。其中社会

---

① 徐道稳．迈向发展型社会政策——中国社会政策转型研究［M］．北京：中国社会科学出版社，2008.

② 徐道稳．迈向发展型社会政策——中国社会政策转型研究［M］．北京：中国社会科学出版社，2008.

文教支出包括用于教育、科学、卫生、文化、体育、广播等事业方面的经费。从2000—2009年社会文教支出来看，社会文教支出占预算内财政支出的比例变化不明显，2000年社会文教支出约为4385亿元，占财政总支出的26%左右；2009年社会文教支出约为19664亿元，占财政总支出的28%左右。社会事业支出从2005年开始在财政预算报告中出现，主要包括就业、社会保险、教育、科技等。2005年，我国社会事业支出为12497亿元，占财政总支出的30%左右，占国内生产总值的5%左右。2009年，社会事业支出约为26076亿元，占财政总支出的35%左右。① 当前，我国经济实力有了显著提升，社会事业各方面取得了飞速巨大进步，政府财政收入也逐渐增加，已经有能力大力发展民生事业。从统计数据可以看出，我国在教育、医疗、社会保障、就业、住房等社会政策领域的投入呈现上升趋势。

5. 非政府组织的缺位

政府是社会福利和社会服务的主要提供者，但并不是唯一的供给者。非政府组织不仅要参与社会政策的制定和执行，而且还是政府的重要合作伙伴。“美国约翰·霍普金斯大学教授莱斯特·M. 萨拉蒙概括了非政府组织具有的五个典型特征：民间性、自治性、组织性、非营利性和志愿性。”② 发挥非政府组织的作用不仅可以改变传统自上而下的利益分配模式，还可以推动社会发展。当代社会政策强调混合福利，正如考斯塔·埃斯平-安德森所说：“虽然福利国家分为社会民主主义、自由主义和保守主义若干种，但我们不得不承认，没有一个案例国家具有某种纯粹性……在过去几十年中，欧洲国家日益变得既非合作主义，亦非极权主义。在盎格鲁—撒克逊国家或许以社会救助体系为主，但是也有其他不同的方案，如美国的社会安全体系就是属于社会保险类型；在北欧的高福利国家，也有

① 规划财务司. 2000—2009民政事业发展统计公报［EB/OL］. 中华人民共和国民政部网站，http：//www.mca.gov.cn/article/zwgk/tjsj/.

② ［美］莱斯特·M. 萨拉蒙. 全球公民社会：非营利部门视角［M］. 贾西津，等译. 北京：社会科学文献出版社，2005.

社会保险方案。总之，今天每一个国家都呈现出混合的体系。”[①] 因此，社会政策不仅要重视市场机制和企业的作用，还要重视第三部门在福利供给中的参与。

我国在计划经济时期，国家主导一切，市场与社会被排斥在外。改革开放以来，强调社会福利的社会化、市场化和产业化，通过引入市场机制来分担责任。然而在市场化过程中，没有提升和加强非政府组织（NGO）在社会服务和社会工作领域具有的积极作用。面对现代社会需求多元化及社会风险的增加，非政府组织必须改变原有认知，在与政府相关部门的合作中寻求发展。现实中，我国政府与非政府组织的合作关系还处于初级阶段，但只要双方在公共利益的指引下坚持双向沟通、相互协调、积极互动，一定能创建更为积极的合作关系。

五、本章小结

本章深入分析新中国成立后社会政策体系演变发展进程，具体为：在社会政策体系形成阶段，我国社会政策基本上是为“服务于经济目标而设计”的一个部分；在社会政策体系发展阶段，我国进行了大规模的经济改革和市场化探索，中国社会政策体系迎来了巨大的发展契机，国家承担了大量民生保障事务，为社会政策的进一步发展提供了重要支撑；最后，在我国社会政策体系深化阶段，社会政策体系逐渐成熟完善，且发挥主要作用，社会政策开始摆脱单纯为经济服务的附属角色，取得独立发展的地位。2006 年 10 月，中共十六届六中全会通过的《关于构建社会主义和谐社会若干重大问题的决定》，是中国社会政策时代来临的重要标志，成为中国社会政策的发展宣言。

纵观我国社会政策体系的发展历程，是经济体制与社会体制不断交织、不断发展、不断变化的过程，当然也是政府、市场、社会角色发生转变的过程，更是进一步构建具有中国特色社会政策体系、完善社会保护制度、深入社会治理、构建社会服务的过程。尽管在新时代面临着新的挑

① ［丹麦］考斯塔·埃斯平-安德森．福利资本主义的三个世界［M］．郑秉文，译．北京：法律出版社，2003.

战，但是在科学发展观的带领下，我们构建了社会主义和谐社会，建立和覆盖了城乡居民社会保障体系，实现了全面建设惠及十几亿中国人口小康社会的目标。在其过程中，社会政策发挥了重要作用。

为此，我们要进一步领会社会政策理念价值和发展路径对于落实新时代中国特色社会主义绿色发展观、建设生态文明，建构“环境友好型、资源节约型”社会的重要现实意义，为践行文明、节约、绿色、低碳发展模式，探寻政府与社会、政府与公众合作治理，实现美好社会和美好生活，推进国家治理体系建设与治理能力现代化贡献力量。

第三章 研究设计：理论视角和框架

一、主要理论和视角

（一）行动理论[①]

行动理论把行为看作人与环境互动的结果，认为政策执行是由一系列行动组成，包括政策执行者自觉与不自觉、偶然与必然的行动，尽管它只是政策过程的环节之一。

行动学派的代表人物有查尔斯·琼斯、爱德华三世、沙坎斯基和范·洪恩。行动理论方面的代表著作有：《公共政策研究导论》（查尔斯·琼斯）、《政策范畴》（G. 爱德华三世和I. 沙坎斯基）、《政府间的政策执行》和《政策执行过程：一个概念性的结构》（范·洪恩等）以及《政策执行过程》（史密斯）等。

行动学派的代表人物查尔斯·琼斯认为，“政策执行是将一项政策付诸实施的各项活动，在诸多活动中，以解释、组织和实施三者最为重要。所谓解释就是将政策的内容转化为公众所能接受和理解的指令；所谓组织就是指建立政策执行机构拟定执行的办法，从而实现政策目标；所谓实施就是执行机关提供例行的服务与设备，支持经费，从而完成议定的政策目标”。由此可见，行动学派关注政策作为行动指南的指导性作用，强调政策执行的关键问题在于政策执行机关如何采取政策行动，强调政策行动只要坚强有力、行动的方法切实可行就可以较为顺利地实现政策目标，合理的政策执行活动甚至在一定程度上可以弥补政策决定的局限和无能。

相比而言，爱德华三世则更具体地将政策执行解释为执行某一项政策

① 综合参考了查尔斯·琼斯的《公共政策研究导论》、严强的《公共政策学基础》、谢明的《公共政策概论》和陈庆云的《公共政策分析》关于行动理论的论述。

所采取的广泛行动，他认为政策执行的基本条件有四项：沟通、资源、人员特点和官僚体系。执行过程是发布命令、执行指令、拨付款项、办理贷款、给予补助、订立契约、收集资料、传递信息、委派人事、雇佣人员、创设机构等一系列活动过程。洪恩则认为，“政策执行指公私个体和团体为了致力实现先前政策执行所设立的政策目标而采取的各项行动。这些行动总的来说归结为两方面：一方面是将政策方案要求细节化、具体化；另一方面是为实现政策所确定的目标而作出各种持续的努力”。

综上所述，行动理论认为政策执行将抽象的政策文本转化为具体的可实施的行动过程，包括制订计划、建立执行组织、培训执行人员、筹集资源和经费等具体活动，并且这些活动具有权威性、目的性、组织性、持续性、公益性和创造性等特征，揭示了政策执行的深刻内涵和特征。

（二）组织理论①

组织理论学派则强调政策执行组织机构的作用，认为任何政策都是通过一定的组织得以实施的。没有一定的组织机构作为依托，没有一定的组织原则作为保证，任何政策目标都只能是停留在纸上谈兵的政策构想。因此，该理论认为，尽管政策执行不到位的原因是多方面的，但组织问题是其中恒定的关键原因之一。组织是政策执行的关键，任何政策都是通过一定的组织来实现的，因而研究政策执行就必须了解组织是如何运作的。

组织理论学派的代表人物有：弗瑞斯特（J. Forester）、埃尔默（R. F. Elmore）、斯诺（C. P. Snow）和特里林（L. Trilling）。弗瑞斯特提出：“传统的政策执行规范理论强调政策执行机构及其人员对政策目标和政策规定的顺应能力，强调依法行政，而基本上不考虑政策执行机构及其人员的审视检定、自省以及前瞻分析的能力和需求。”但政策规划者、政策执行机构和人员的预期分析能力，即在危机事件或事态发生之前预感并相应采取适当步骤和程序加以有效对付的能力，实际上是政策执行成功与否的关键因素。

斯诺和特里林认为，任何一项将观念转变为行动的过程都涉及某项简

① 综合参考了《公共政策学基础》（严强）、《公共政策概论》（谢明）和《公共政策分析》（陈庆云）关于组织理论的论述。

化工作，而组织机构正是简化工作的主体，是它们把问题解剖成具体可以管理的工作项目，再将这些项目分配给专业化的机构去执行。

组织理论学派认为，政策能否有效执行，关键在于执行机构的主客观条件，主观上能否理解和领会政策，能否具有执行的积极性；客观上是否拥有足够的资源，是否拥有足够的执行能力。只有充分借助组织，充分调动组织中的人员、物质、经费、时间等要素，在面对不确定风险和危机时，才能有效地预测风险和建立风险防范机制，从而保证政策的顺利执行。

（三）博弈理论①

在经济学中，博弈意味着不同利益主体决策者，在一定的环境条件和规则下，同时或先后、一次或多次从各自可选择的行动方案中加以选择并实施，从而取得相应结果的活动。在政治学中，博弈意味着参与者力求获得自身最大利益而将损失减少到最低限度而进行的讨价还价过程。同时，博弈理论认为无论是经济领域还是政治领域，人都是理性的“经济人”，做最终选择时，都会以追求自身利益最大化作为行动动机。

政策执行过程中，政策的制定者、政策的执行者和政策目标群体都是由单个的“经济人”组成，都会关心政策能否给自身带来好处，同时考虑为此需要付出的代价。理性“经济人”的行为会影响政府的行为，政府也存在“经济人”缺陷；当政府的利益与政策目标群体的利益发生冲突时，政府会利用各种资源来维护自身的利益。政策执行的过程其实是讨价还价的博弈过程。在各种力量的相互作用下，政策执行者与政策目标群体等相关利益群体达成某种政治交易。在交易过程中，政策目标和方案的重要性、科学性都要大打折扣，政策可能发生扭曲。

美国公共政策学者 E. 巴德克（Eugene Bardach）在《执行博弈》一书中提出，可以将政策执行视为一种赛局，它包含竞赛者（政策执行人员与相关人员）、利害关系、策略与技术、竞赛的资源、竞赛的规范（取胜的条件）、竞赛的规则（不得作弊）、竞赛者之间的信息沟通性质、所得结果的不稳定程度等。政策执行的成功与否，取决于参加者的竞争策略。

---

① 综合参考了《政治系统论》（戴维·伊斯顿）、《公共政策学基础》（严强）和《公共政策分析》（陈庆云）中关于博弈理论的论述。

综上所述，博弈理论把政策执行视为各级政府或各部门之间的互动博弈过程。执行博弈的研究成为政策执行研究的分水岭，它使人们对政府运作的认知逐渐扬弃了传统静态的层级节制观，进而转变为以研究动态的府际关系为核心。

（四）分权理论视角

1. 中央与地方政府的关系

自国家产生以来，最为重要的管理问题就是中央与地方政府的关系问题，它涉及国家的经济发展、政治统一、民族团结和社会稳定。进入 21 世纪以来，各国中央与地方政府的关系也在不断发生变化，需要重新审视，以便以科学、有效的方式处理中央与地方政府之间的职、责、权等问题。现实中，大量研究表明，国家可以通过具有强制力的行政手段来建立、引导相关组织，并投入大量的财力、物力和人力资源来促进经济发展和社会进步。钱颖一等认为，我国“在改革开放初期，地方政府与企业具有直接的利益关系，特别是一些民营企业和乡镇企业。地方政府拥有一定的财政决策权力，为了保护这些弱小的企业不受干扰影响，地方政府允许其自由发展”。也有学者认为在推动经济发展和快速增长方面，地方政府做出了积极贡献，是推动我国整体经济发展的一个非常重要的“内生性变量”。①

中央政府与地方政府的关系被认为是社会转型中的一个核心问题，国内外学者对此十分关注和重视，各个学科领域都对“央地关系”相关问题展开了探究，具体如表 3-1 所示。

表 3-1　多学科视角对“央地关系”的理解

学科分类	研究主题	主要观点
经济学	研究财权事权配置对中央与地方政府关系的影响	中央与地方政府应保持权力的均衡
政治学	集权与分权	选择性集权，合理分权
管理学	中央与地方政府关系治理	建立中央与地方政府合理的权力框架
法学	法治建设及司法在中央与地方政府关系中的地位	强调在宪法层面上建构中央与地方政府的关系

① 周伟林．中国地方政府经济行为分析［M］．上海：复旦大学出版社，1997.

“央地关系”的研究和发展之所以重要，主要有以下三个方面的原因：

第一，经济社会的发展与地方政府自主创新有着直接关系，地方政府的创新动力可能与中央政府下放权力有密切关系，也有可能源于地方政府行政官员的相互竞争博弈，还有可能来自地方政府的激励与创新。我国改革开放以来，经济社会各方面取得了伟大成就，与我国积极改革行政管理体制有重要关联。

第二，中央政府和地方政府关系与转型国家的社会经济稳定发展有关联。从20世纪90年代开始，世界范围内兴起以应对社会转型的改革浪潮，东欧、东亚、南亚、拉美等一些国家先后开始了不同程度的市场化改革。① 在转型与改革浪潮中，一些国家在政治、经济等各个方面取得了一定成绩，经济开始发展，国家的综合实力也有了大幅提升；但有些国家由于改革失败，导致经济倒退、社会动荡、社会风险增加。在这种背景下，从20世纪90年代开始，国家能力建设受到很多学者的关注，其中王绍光、胡鞍钢等人认为，国家是经济快速发展、政治变革、社会加速转型的主要引领者和驱动者。提高国家能力建设，意味着必须提高中央政府宏观调控的能力，提升行政改革的方式，进一步增强整合的效力，以及加速工业化、现代化、均等化进程和建设。如果中央政府不具备控制与整合能力，就不能有效治理国家。因此，从某种意义上讲，处理好中央与地方政府关系就是为了更好地处理发展和稳定的关系。

第三，中央政府与地方政府的互动关系是观察政策执行的重要窗口。中国是一个人口基数庞大的发展中国家，政策的制定和出台直接关系到亿万人民的切身利益。在中国这样一个人口大国，政策的执行显得尤其重要。只有有效的政策执行才能够保证政策在全国落到实处。但政策执行难免会出现各种问题，这会令政策发生变异甚至阻滞。为此，必须加强协调沟通，确保政策执行过程中中央政府和地方政府之间的信息畅通。

2. 中央与地方政府的互动

20世纪中后期以来，很多国内外学者对中央与地方关系视角进行了分

① ［美］杰拉尔德·M. 梅尔，詹姆斯·E. 劳赫. 经济发展的前沿问题（第7版）［M］. 黄仁伟，等译. 上海：上海人民出版社，2004.

类，一般情况下中央与地方关系分为五种视角，分别为：关系模式视角、历史比较研究视角、结构程序研究视角、专门化视角和博弈论视角。

在中央政府与地方政府的结构体制中，地方政府权力由中央政府授予，接受中央政府的统一领导，这种单一制结构形式的国家结构决定了地方政府的权力来源。因此，等级关系必然出现在中央与地方关系中间，地方政府行政官员的选拔任命和地方政府的政策制定，都要经过中央政府的讨论和最终决定。中央政府与地方政府在协调过程中通过三种资源进行互动：行政控制、人事控制和制度设计。

行政控制是中央通过强制力向地方政府发出行政指令，要求地方政府遵循中央政府的意愿行事，中央政府制定政策地方政府负责执行就是一种典型的行政控制。从理论层面看，地方政府应当遵从中央政府的命令，把握政策指令的核心，完成中央政府的任务。

制度设计是指中央政府通过成文的规则来约束地方政府，通过行政权力来约束相关组织和机关的行为。同时，中央政府拥有制定法律的权力和条文解释权、拥有行政法规和行政规章的制定权。中央政府通过这些权力可以在各个方面有效地对地方政府进行约束和控制。由于地方政府行政官员导致经济损失、重大失误等，中央政府有权通过撤职、免职、调职、处分甚至终止其政治生命等措施和手段来维护中央政府行政管理的权威性。

相较于中央政府拥有的大量资源和管控权力，地方政府也会有一些应对策略。从行政命令来说，虽然中央政府能够集中大部分权力，但是地方政府对地方社会经济主体和相应经济活动具有管制权力，这种权力的获得与运行是地方政府进行基层微观管理，保证经济社会稳定发展的重要方式。因此，地方政府能够通过对政策的重新界定等措施来回应中央政府的行政命令和控制，以新的形式或内容进行执行。另外，地方政府有掌握基层第一手信息的优势，有时会采取隐瞒、欺骗、虚报信息的方式来逃避中央政府的监管。

就制度变迁来说，尽管立法权和行政权归属中央政府所有，但地方政府可以在中央政府没有明确干预的领域或者是缺乏指导经验的领域以创新的名义进行改革。当改革取得成效甚至传播到其他地方，并得到积极效仿和借鉴，形成示范效应以后，中央政府一般会根据现状做出适当回应，甚至采取试点和默认的方式予以肯定。因此，中央政府在不确定的领域往往会设计一整套规划方案，地方政府则可以充分运用方案预留的空间进行探索和试验。

就人事制度控制来说，中央政府尽管通过人力资源配置来控制地方政府，但是地方行政官员常常会在中央政府重点关注的领域入手，在具体执行方式上注重中央政府传达释放的信息，对于现实中存在的社会问题却视而不见，这种投机行为无形中会影响政策的执行。地方政府行政官员这样的行为逻辑会使中央政府的政策在地方得不到有力的落实，导致政策执行偏差。从结构形式来看，地方政府的权力都来源于中央政府，因此，中国地方政府与中央政府之间存在一定的等级关系，可以说地方行政官员的政治生命最终决定权在中央政府手中。归根结底，这与官僚制组织特性有关。官僚制本身是一种由不同等级组成多层次类似“金字塔”形态的科层组织，上下级之间是严格的等级关系。马克斯·韦伯在研究官僚制形态时就指出：“典型官僚制下的官僚，是由上级任命的，由被支配者选举出来的官僚，再也不是一个纯粹的官僚类型；同时他指出，选举出来的官僚对其上级而言，具有一种自主性，因为其地位的彰显主要还是来自下级，而非来自上级，并非来自官僚层级中的上级，其政治前途也并非取决于其所在的行政体系中的上级。”①

（五）制度主义视角

1. 科层制结构体系

科层制这种管理方式在古代中国、埃及、罗马等都出现过，但真正将其理论化并做出系统总结的是德国社会学家马克斯·韦伯。韦伯对19世纪普鲁士和德国军队的差异印象深刻，他发现普鲁士军队具有如下特点：占统治地位的是等级和地位；提升是基于个人关系或金钱利益，而不是基于军事能力；很少有指导管理和行动的书面规则，以及战略具有个人性、随意性，是凭借未与他人协调的一时冲动而制定的。另外，德国军队的特点是通过法律权威而下达命令，以及应用于全体人员的完善的规章制度。韦

---

① ［德］马克斯·韦伯．支配社会学［M］．康乐，简慧美，译．桂林：广西师范大学出版社，2004.

伯在其著作《经济与社会》中论及科层制，他提出科层制将普遍适用于基于法理权威的现代理性组织。①

科层制按照通行的解释，指的是一种权力依职能和职位进行分工和分层，以规则为管理主体的组织体系和管理方式。也就是说，它既是一种组织结构，又是一种管理方式，是现代资本主义经济合理性的高度体现。充分发展的科层制是一个实施组织管理的严密的职能系统，它把整个社会变成一架非人格化的庞大机器，使一切社会行动都建立在功能效率关系上，以保障社会组织最大限度地获取经济效益。现代社会中，组织管理的官僚制已经渗透到社会生活各领域，体现为社会生活的理性化。韦伯认为这是现代社会不可避免的“命运”。一方面它使人们的行动逐渐淡化对价值理想和意识形态的追求，专注功能效率；另一方面无情地剥削了人的个性自由，使现代社会深深地卷入了以手段支配目的和取代目的的过程。

观察我国行政结构体系可以发现，既具有政治体制的特征，亦具有控制系统的内涵。无论是对社会进行管理的公共行政系统，还是依靠国家财政预算拨款的非市场组织，中国行政体系中的“条”“块”分割具有明显的科层制特征。

2. “条”“块”分割体系

“条块分割”是我国科层制结构体系中的显著特点。所谓“条块分割”，是指在一定地区或行业范围内，以合法的行政性架构为基础，以行政手段为主，并借助于经济和法律手段，限制资源的流出或竞争性商品的流入，保护本地区、行业发展的措施和行为。“条块分割”并非中国独有，很多国家的组织结构都具有这种特征。

其中“条”是由中央直属部委自上到下的一种领导管理体制，例如，教育部对各级地方教育厅，教育厅对各级教育局的领导管理，是一种垂直和纵向的管理模式；“块”是指对地方政府统辖区域内所有行政行为的一种概括描述，包括省、市、县、乡四个层级以及各个层级行政系统内部按照管理职责划分的部门或机构，是一种平行和横向管理模式。

① 参见李立国．为科层制正名：如何看待科层制在高等教育体制中的作用［J］．探索与争鸣，2018（7）．

“条块关系”是当代中国国家治理中需要协调的最基本政治关系之一，并逐渐成为当代中国政治学研究的前沿和方向。在中央政府集权的情况下，就需要通过分权的形式来调动地方政府的积极性。然而，分权到一定程度又会造成对集权的冲击，如何协调中央和地方政府关系是国家治理体系中的难点。“条块关系”问题的出现有“条”和“块”自身的原因，但职责同构是形成现有“条块关系”的一个关键环节和重要因素。在我国，行政系统不是以职能为基础划分事权，而是在“统一领导，分级管理”思想指导下对同一事项的管理。

在现实生活中，政策执行中的“中梗阻”现象就与“条”“块”分割体制紧密相关，“条”“块”分割体制形成了一种“碎片式的威权”，中央政府的决策在贯彻执行过程中容易受到不同部门和个人的“抵制”。在《治理中国：从革命到改革》中，李侃如博士提出，“在这种‘分散式的集体主义’下，识别出处在‘条’或‘块’上某个特定部门的主要领导十分关键；尽管如此，其他有‘业务关系’的领导也无法忽视，因为很多问题的解决，需要多个部门的相互配合”。[①]

二、综合框架设计

基于以上政策执行过程中相关理论和视角的分析，我们可以看出，作为地方政府在具体领域的实践，社会政策执行和创新发生在具体的社会情境之中，是在特定的社会结构和框架制约下形成并完善。在这一过程中，地方政府与中央政府不断互动，相互影响。对于地方政府而言，既要考量中央政府和其他区域带来的外部性影响，同时也要思考自身发展的能力。因此，地方政府政策执行和创新框架设计主要分为两方面：一方面是外部环境的问题；另一方面是内生动力的问题。外部环境和内生动力既相互独立，又相互影响，不断重塑社会政策执行的结果。为此，在研究社会政策执行和创新过程中，必须关注二者的关系及其互动。

---

① ［美］李侃如．治理中国：从治理到改革［M］．北京：中国社会科学出版社，2010.

（一）外部环境

1. 动机

从心理学层面来看，动机是激发和维持有机体的行动，并使行动导向某一目标的心理倾向或内部驱力。在这一导向和驱动中，动机具有三大功能：第一，激发功能，动机作为一种个体内在的心理过程，无法直接观察，但是可以通过任务选择、努力程度、坚持时间和言语表示等进行推断；第二，指向功能，动机一定是目标指引下的具体行动，个体行动通过动机提供的动力不断达到目标；第三，维持和调节功能，一方面动机产生后可以使这一种行动维持一定时间的长度，另一方面动机可以刺激某种行动的发生，行为强度与方向同时受到动机的调节、控制和支配。

对于社会政策执行来说，动机的产生和发生是在地方政府层面酝酿而生的，地方政府既具有产生某种行为的根本动力，也具有持续产生某种行为的强度，并沿此方向继续运行。地方政府的动机是基于中央政府宏观约束、控制和激励体制开展的相关行为偏好。可以明确的是地方政府的动机并非恒定不变，它受诸多因素的影响，包括地方政府官员职业背景、舆论环境、政策目标、国际压力、宣传教育等因素，这些因素最终对地方政府政策执行绩效产生间接作用。

目前，学术界有关地方政府行为动机的理论主要有公共选择理论和公共服务动机理论。公共选择理论将经济学原理应用到政治科学中，主要是经济人假设，认为人都是理性的自利主义者，即人们会在约束条件下使自身利益最大化。公共选择理论确实解决了很多官僚体制下集体行动、团体理论、投票行为和政治竞争等政治难题，并对各级地方政府、政府职能部门以及政策执行人员的背后动机做了合理解释。但是公共选择理论产生和兴起于西方社会政治背景下，是以西方政治体制、文化环境和价值观为现实背景和理论依据的。因此，公共选择理论的解释力十分有限，对此的借鉴和运用，需要我们具体问题具体分析，需要从我国的实际情况出发。

作为公共管理的新兴研究领域，公共服务动机理论以公共精神为核心，体现个体对他人、集体或社会非自私、奉献、亲社会、利他的动机、态度和价值观，在这种动机驱动之下，政策执行人员充满对未来幸福生活和美好社会的期望。服务动机是地方政府政策执行人员利他行为的内在动机，有利于形成地方政府传递公共性价值逻辑，同时更适于对政策执行人员进行内部激励。公共服务动机理论的运用一定程度上弥补了传统动机理论的局限，为展开我国地方政府政策执行研究提供了可借鉴的思路。鉴于我国经济、社会、政治、国际环境和文化价值观，需要可利用全球化发展理论，建立扩展具有中国特色的地方政府政策执行路径，吸收、借鉴和学习各种理论的精华，认真研究和考量社会文化、政治制度、社会价值观、公民社会、非正式组织、物质激励以及精神肯定等影响政策执行行为动机的层面因素，不断增强地方政府公共服务意识和社会责任感。

2. 信息

信息泛指人类社会传播的一切内容，人类就是通过获得、识别自然界和社会的不同信息来区别不同事物，从而不断认识和改造世界。目前，我国信息网络基础设施建设日益完善，光纤网、宽带网等广泛覆盖，智能手机也基本普及。信息技术的发展为政府间传递、共享信息，加强沟通交流提供了便利，但是各级政府之间的信息传递仍存在信息失真、传递衰变、共享低效、传输不畅等问题，严重影响了政策信息的“上传下达”。

目前，我国各级政府间已经认识到信息资源传递和共享的重要性，然而，由于各级政府之间以及政府内部不同的职能部门之间利益分化，从而导致政府间信息资源传递和共享难以达成共识；同时，在政府间信息平台建设上，缺乏统一的标准和规范，不同政府和部门所提供的信息资源在数据的内容、格式和质量方面参差不齐，部分地方甚至还存在技术壁垒，使得政府间信息资源共享也难以实现。因此，对于政府间利益分化严重的现象，需要积极构建利益协调机制，此外，为了确保政府间信息资源传递和共享各项制度的有效执行，各政府之间、部门之间还要统一协商，建立系统规范、协调统一的监督机制和评估办法。地方政府和政府内部各部门是信息数据最大的收集者，在进行政府信息资源共享时，标准化建设必不可少。要加强对信息的完整性、可靠性和准确性的规范，对那些提供虚假信息或不完整信息的行为要有强制性惩罚措施，这样才能更好地提升政府的形象和权威性，从而有效破除政府间和部门间的信息壁垒，实现信息资源有效传递和共享，进而有利于资源优化配置，极大提高政府部门的行政工作效率，有效降低行政成本，使政府部门及时有效地为公众提供社会公共服务。

本章通过对地方政府与中央政府互动过程中的必要环节“动机”和“信息”进行分析，初步形成了央地关系视角下政策执行类型图，对政策执行过程中“动机”和“信息”进行一个类型化的概念解释。在不同的情境下，当要素发生变化时，地方政府的执行类型也会发生不同的变化，具体如表 3-2 所示。动机将决定地方政府应对中央政府政策的初始态度，而信息将显著推动或者约束地方政府的行为，信息的传递和共享效率则直接影响政策执行的实现效果。

表 3-2 “动机—信息”框架下的执行类型

要素	第一种	第二种	第三种	第四种
动机	低	低	高	高
信息	低	高	低	高
行动方式	无行动	有限行动	绩效行动	积极行动

第一，无行动。无行动是指地方政府对中央政府下达的某项政策不执行或不响应。从“动机”和“信息”要素来分析，当地方政府对中央政府的某项政策意图理解不清楚，甚至是地方政府对于中央政府的政策而言无所适从、信息传达方面也不全面时，地方政府可能采取较为消极的策略，不对政策有任何响应，甚至采取将一系列“理由”传递给中央政府，而中央政府可能会传递更多“信息”给地方政府。

第二，有限行动。当地方政府收到中央政府释放和传递的“信息”后，地方政府依然有两种路径可以选择，一种是对中央政府释放的“信息”并不感兴趣，甚至无明显驱动力，但是又必须采取一些措施向中央政府表明自己的行动，这时地方政府会采取“象征性”执行的策略，即利用信息不对称通过作假、虚报、瞒报等方式应付中央政府，其实从地方政府来看并没有产生任何实质性的执行结果。另一种是面对中央政府给予的明确“信息”和相关政策，地方政府必须对这些明确“信息”予以回应，同时对相关政策展开部署和规划，这时地方政府就会采取“行政性”或“事务性”执行的策略，即地方政府并未体现出强烈的积极行动，但慑于中央政府的政治影响和信息监控，因此必须采取措施执行该项政策。在“行政性”或“事务性”执行的情况下，政策执行类似于机器的运行，运行的过程也较为程序化，地方政府借助中央政府资源进行运转，因而可能会产生一定的政策效果，至于政策效果如何需另作探讨。

第三，绩效行动。之所以称之为“绩效行动”，主要是针对地方政府政策执行目标的实现程度及达成效率而言。从要素分析角度来看，地方政府积极响应中央政府制定的政策，积极执行政策，并进行创新型探索。尽管有时地方政府与中央政府之间信息传递有限，但丝毫不会影响地方政府执行的积极性。自利性使地方政府具有很强的行为动机，自发执行相关政策并取得一定的成效。

第四，积极行动。这种情况下，中央政府对于地方政府的资源禀赋、执行能力、发展状态比较了解和掌握，地方政府在能力范围和资源控制范围内积极采取行动执行相关政策，中央政府则会给予地方政府政策执行的创新空间。另外，当地方政府具有积极的动机来执行中央的某项政策时，上下互动会十分频繁，双方可以有效地掌握和监控政策执行的相关信息，从而易于达成政策目标和效果。

需要说明的是以上类型化分析只是对社会现实的部分理想化概括和划分，实际情况中，不可能完全相符，但可作为地方政府政策执行情况的解释框架。

（二）内生动力

1. 竞争

无论是政府部门内部，还是政府部门之间都存在竞争，本章主要论述地方政府间的横向竞争。地方政府间竞争就是指同级行政区域或横向政府之间，采取相应的措施争夺政治、经济、政策等资源。

随着中央政府权力下放和地方政府自主性的加强，地方政府间的竞争成为政策执行的重要议题，尤其是跨区域范围的政策执行尤为明显。对于地方政府间竞争，学者们从不同角度进行广泛研究，大致围绕以下几个方面进行：竞争的内容、竞争的原因、竞争的途径、竞争的模式等。从竞争内容来看，地方政府间的竞争可以划分为政治竞争、产品竞争和要素竞争。政治竞争，主要是在纵向层面上获得优势和倾斜，涉及行政权力、财政分配、经济规划、人事任免等；产品竞争，主要是指地方政府对辖区内产品市场（包括企业、产业和市场）的保护和支持；要素竞争，主要是指地方政府之间争夺人才、资金、技术、自然资源等生产要素。① 从竞争原因来看，地方政府间竞争源于分权治理体系，从权力分配、财政收支和考核等角度进行解释，形成了"财政联邦"和"晋升锦标"的理论观点和框架。从竞争途径来看，地方政府主要措施有提供优惠政策、人才项目、廉价土地以及增加基础设施建设、公共产品供给等。从竞争模式来看，有学者依据地方政府制度创新和技术创新程度，划分出"进取型""保护型"和"掠夺型"三类地方政府竞争模式。②

地方政府之间的竞争在中国改革开放和经济发展过程中具有举足轻重的作用，"改革开放的35年中，中国经济总量连上台阶，综合国力大幅提升。国内生产总值由1978年的3645亿元迅速跃升至2012年的518942亿元。其中，从1978年的3645亿元上升到1986年的1万亿元用了8年时间，上升到1991年的2万亿元用了5年时间，此后10年平均每年上升近1万亿元，2001年超过10万亿元大关，2002—2006年平均每年上升2万亿元，2006年超过20万亿元，之后每两年上升10万亿元，2012年已近52万亿元。经济总量连上台阶，是因为我们的增长速度创造了奇迹。从1979年到2012年，我国国内生产总值年均增长9.8%，同期世界经济年均增速只有2.8%。中国的经济总量居世界位次稳步提升，对世界经济增长的贡献不断提高。1978年，我国经济总量仅位居世界第十位；2008年超过德国，居世界第三位；2010年超过日本，居世界第二位，成为仅次于美国的世界第二大经济体。经济总量占世界的份额由1978年的1.8%提高到2012年的11.5%。2008年下半年国际金融危机爆发以来，我国成为带动世界经

① 汪伟全．中国地方政府竞争：从产品、要素转向制度环境［J］．南京社会科学，2004（7）．

② 周业安，赵晓男．地方政府竞争模式研究——构建地方政府间良性秩序的理论和政策分析［J］．管理世界，2002（12）．

济复苏的重要引擎，2008—2012 年对世界经济增长的年均贡献率超过 20%”①。地方政府作为主体参与市场竞争，既有积极的一面也有消极的一面。积极作用是：第一，竞争带来了活力和效率；第二，引入竞争机制，对于建立市场经济体制有积极作用。消极作用是：当政府成为竞争者时，监管层面就具有了选择性，政府本身不能既当运动员，又当裁判员。

2. 学习

这里的学习主要指政策学习，地方政府间虽具有一定的竞争性，但在人才引进、招商引资、政府创新等方面进行比较，同级政府在政策上可以相互学习和借鉴。豪利特和拉米什对政策学习进行了类型划分（如表 3-3 所示）。②

表 3-3 政策学习的外生和内生概念

	内生学习	外生学习
学习的主题	小的技术上专门性的政策网络	大的公共参与的政策社群
学习的目标	政策背景或政策工具	问题感知或政策目标

政策学习无论从主题还是目标来说，都是为了调整政策，以适应政策环境或压力，从而改变政策行为，更好地实现政策目标。理查德·罗斯认为，“第一种类型的内生学习可以称之为‘吸取—教训’型学习，这种类型的学习源于政策过程内部，并且对政策制定者在实现目标的过程中如何选择方法或技术产生积极的影响。同时，政策行动主体能够从政策过去的运行过程，或政策循环的不同方面的建议中总结出一些实际经验和教训”。③ 霍尔认为，“第二种类型的外生学习可以称之为社会学习，这种类型的学习源于政策过程外部，并且影响政策制定者变更政策目标来适应社会的约束，或者通过改变社会约束来坚持某种政策目标”。④

从外部环境来看，一项政策在地方政府之间传播总是处于一定的社

① 人民日报晒中国经济成就：人均 GDP35 年增长 16 倍［EB/OL］. 环球网，https://china.huanqiu.com/article/9CaKrnJDeR0.

② 迈克尔·豪利特，M. 拉米什. 公共政策研究：政策循环与政策子系统［M］，庞诗，等译. 北京：生活·读书·新知三联书店，2006.

③ RICHARD ROSE. What is lesson-drawing?［J］. Journal of Public Policy，1991. Vol. 11（1）.

④ PETER A. HALL. Policy paradigms，social learning and the state：The case of economic policy-making in Britain［J］. Comparative Politics，1993，25（3）.

会环境之中，任何政策的传播都需要和其他社会因素相互作用，都要受到外部社会环境的制约和影响。适宜的外部环境有助于政策的有效传播，反之则会阻碍政策的传播，对政策传播影响较大的主要是政治文化环境。政治文化是一个国家社会整体心理和精神的反映，地方政府之间的相互学习必然受到政治文化的影响。在政策传播过程中，选择什么样的行动来实现政策意图或政策目标，很大程度上取决于外部环境的影响。这种影响决定了政府官员对政策的某种倾向以及政策执行的方式，政治文化环境很大程度上引导、支配、规范着政府的行为及其效果。当一个地方政府着手推进某项政策时，其他地方政府也可能会尝试采取一定的措施，这体现了地方政府在学习过程中的相互效仿。传统经济学中“经济人”假说认为，每个人都是非常理性的，我们可以把地方政府假设为具有这种理性的主体，地方政府希望通过学习借鉴使自身利益最大化。如果有合理完善的反馈渠道，地方政府间的相互学习过程就会经渠道反映，产生新的政策制定和执行方式。

另一典型模型“垂直影响模型”认为，各地方政府不是学习和效仿其他地方政府，而是效仿中央政府，在某种程度上，各地方政府效仿中央政府也是学习的一部分。重要的是，中央政府虽然可以调控各地方，但是对于各地方政府的偏好而言，中央政府可能会选择更多的政策试验方案，以弥补政策的不足。当有更多的政策方案可供选择之时，政策的外部正负效应也会充分显露，并将循环往复下去。如果外部环境发生变化，政府决策者必须相应地调整自己的行为；而与内生动力相对应的是，政策决策者吸取政策执行过程的教训，将会影响政策制定者政策执行方法和工具的选择，并在技术层面产生影响或改进。

（三）综合框架

综合上述，本章将社会政策执行分“执行前”“执行中”“执行后”三个阶段。对于地方政府而言，政策执行的创新更多是建立在接收中央政府信息的基础之上，更多体现于“执行中”和“执行后”环节。通过这种划分，可以简单、直观地看出地方政府政策执行过程中所采取的相关策略。

回顾改革开放 40 多年中央政府与地方政府之间的互动，封丽霞教授认为，“在传统计划经济体制之下，央地关系调整实际上是在中央与地方的行政隶属关系之下就经济与企业的管理权进行上下变动。邓小平在1980年就指出：‘过去在中央与地方之间分过几次权，但每次都没有涉及党与政府、经济组织、群众团体等等之间如何划分职权范围的问题。’这就意味着，向地方分权不应局限于以往的行政性分权，更应进行经济性分权；中央与地方的事权划分，不仅意味着中央政府与地方政府的分权，也意味着政府与市场、政府与社会之间的分权。只要权力与市场、政府与经济、社会的关系没有理顺，央地关系就永远无法走出‘统’与‘放’的模式。盲目‘放权’会导致地方经济混乱和地方保护主义，全面‘收权’又会产生经济发展缺乏活力、社会管理僵化的问题。央地关系调整如何走出传统的行政集权—分权思路，把行政性分权与政府与经济、社会的功能区分结合起来，需要进行长期的制度试验、实践观察和制度积累”。①

可见，单向度的思维模式已经不能适应新时代中央政府和地方政府的政策执行策略需求，需要多面向、多维度、多层次地考虑地方政府执行策略的选择和具体的行动开展。在属地管理的基础之上，我们可以借鉴周黎安教授提出的中国政府间关系和政府治理的“行政发包”和“晋升竞争”两种途径来分析地方政府采取的不同措施：一种是积极的，一种是被动的（非积极的）。无论政策制定的水平如何，政策制定者的主观愿望如何，政策在社会中产生的实际效果，还需要一个必不可少的环节，即政策执行。一项既定的政策在经过合法的政策议程之后，政策实际执行过程中可能会出现如下情况：（1）政策得到完全贯彻执行；（2）政策被拒绝执行；（3）政策被敷衍执行；（4）政策被歪曲执行；（5）背道而驰的执行。只有第一种情况，理论上认为政策取得了实际效果。地方政府在“积极”和“非积极”两种路径的驱使下，政策会产生两种截然不同的作用。地方政府积极采取行动，无论选用哪种执行模式，最终结果都是可以预见的，即政策执行的结果是“成功”的；若地方政府被动采取行动，同时形成相应的执行模式，结果也是可以预想的。地方政府在被动执行政策的过程中，一种可

① 封丽霞．国家治理转型的纵向维度——基于央地关系改革的法治化视角［J］．东方法学，2020（2）．

能是“应付”式的结果，一种则是政策执行的“失败”。对于政策执行创新来说，最低层次或者说最差结果，我们称之为“中性执行”，即既没有产生多大损失，也没有造成大的责任事故；最高层次或者说最好结果，就是政策成功执行。本章从政策执行的不同结果出发，去探索和揭示政策执行和创新中的关联性，见图 3-1。

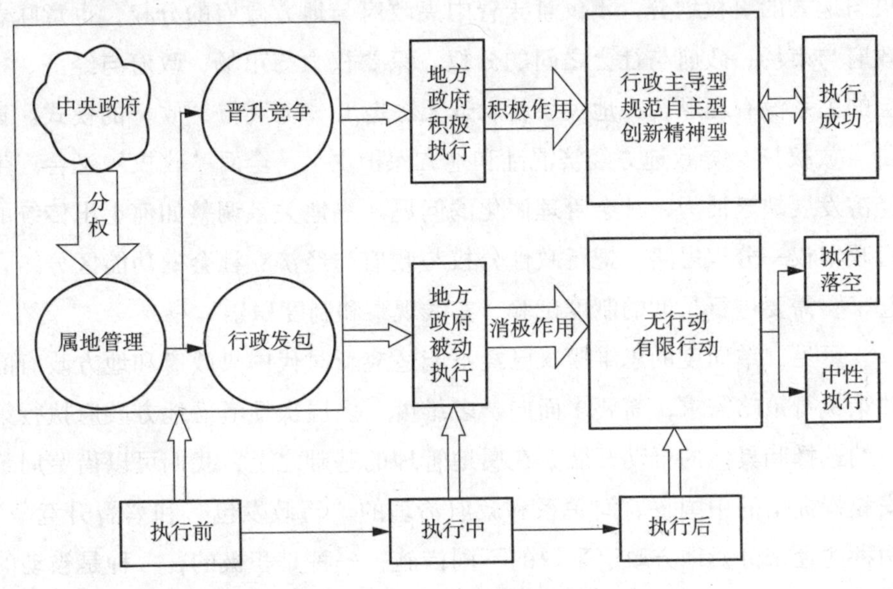

图 3-1　社会政策执行三阶段

三、本章小结

本章从政策执行的行动理论、组织理论、博弈理论、分权理论和制度主义视角出发，探寻和研究政策执行阶段如何运用各种资源、工具和方式将政策目标转化为具体的行动。在政策执行过程中，中央政府和地方政府的互动及信息传递状况会影响政策的执行结果。从地方政府来看，每一项政策的执行都发生在具体的社会情境之中，在特定的社会结构和框架下演进。在这一过程中，地方政府与中央政府不断互动，相互联系，相互影响。因此，不仅要注重外部环境，还要重视内生动力；既要考量外部因素，又要挖掘内在潜力。如此，地方政府才能在政策执行过程中积极创新，不断推动政策执行走向成功。

第四章

社会政策执行过程分析

没有政策执行，再好的政策方案也只是一纸空文，政策目标便难以实现，人民需求就无法满足。毛泽东同志早就说过，“如果有了正确的理论，只是把它空谈一阵，束之高阁，并不实行，那么，这种理论再好也是没有意义的”。[①] 刘少奇同志则说，“执行政策就是实践，在实践中间调查研究，在实践中间认识客观世界，在实践中间发现我们的错误，在实践中间发现新的问题，制定新的政策。所以，重要的问题在于执行，在于实践”。[②] 陈振明教授认为，“凡是经过贯彻执行，促进了社会进步和生产力的发展，并得到群众拥护的政策，就是正确的政策；否则就是错误的政策。通过政策执行，不仅可以检验政策，还可以不断充实和完善政策；若在执行中发现问题和不足，则需予以修正和弥补，促进政策质量的提高，以期政策问题的最终解决”。

目前，我国在医疗、住房、教育、老人、妇女、儿童、非营利组织等政策领域都进行了卓有成效的改革，取得了丰富的政策执行经验。社会政策执行是一个融行动于过程的概念，涉及具体的政府部门、政府行政人员、政策执行者、社会政策对象以及政策实施环境等诸多要素。各要素之间相互影响、作用，决定了在政策执行过程中可能会发生各种执行动机之下的可控或不可控行为。对于社会政策执行来说，核心是指向公共利益和公共服务，这向社会政策执行者提出了更高的要求。社会政策执行者需要按照社会政策的理念、规则和标准进行行动，并通过一系列行动创造有利的社会政策运行环境。

---

① 《毛泽东选集》（第 1 卷）［M］. 北京：人民出版社，1991.

② 《刘少奇选集》（下卷）［M］. 北京：人民出版社，1985.

一、政策程序和政策过程

（一）政策程序

政策程序是政策的法定过程，是在政策制定、政策执行、政策评估、政策终结等环节中必须遵循的工作程序，违反程序造成重大损失或负面影响，责任主体则要承担相应的行政责任或法律责任。因此，政策程序是政策实施过程中必须遵循的步骤、方式、时限和顺序的总和。政策程序反映了政策运行的过程，熟悉政策程序，对于政府行政人员及政策执行者来说是一项非常重要的行政能力。对于政策执行者来讲，必须十分清楚相应的程序规定，为具体执行预留活动空间；否则，会很容易发生失误，错失执行良机。

政策执行实际上是地方政府具体落实中央政府针对特定人群或特定事件所做的决定，这些决定直接影响政策对象和当事人的权益。因此，政策执行必须遵循政策程序谨慎进行。

（二）政策过程

政策过程是指针对一个具体政策从制定方案到执行、评估直至政策终结的过程，一般指政策实际运行过程。

政策过程大致会经历以下几个环节：第一，社会问题的确认；第二，相关政策问题的界定；第三，政策议程的构建；第四，政策方案的规划；第五，政策方案的执行；第六，政策执行的评估；第七，政策方案的终结。

社会在运行过程中会产生这样或那样的问题，如何决定或者谁来决定这些社会问题呢？答案是：只有社会中的大部分成员和一部分有影响的人认为某种社会情况是社会问题时，它才被确认为社会问题。社会问题一般可划分为两种不同的类型：一类是过失性社会问题，一类是结构性社会问题。当社会问题被确认后，有的社会问题会被纳入政府解决范畴，有的可能在民间渠道就已经解决。因此，并不是所有的社会问题都会被纳入政府视野，只有上升到政府议程中的那些社会问题才被转化为政策问题。当然，社会问题转化为政策问题的过程通常需要借助很多“催化剂”。

政府把政策问题纳入政府政策议程，并采取措施解决相关问题。在这个过程中，政治领导人、公共组织（包括立法机构、司法机构、行政机构和其他履行公共管理职能的组织）、利益集团、大众传媒、公众突发事件、技术创新和变革、原有的政策、专家学者、社会公众等会发挥重要作用。在此基础上，中央政府针对具体的政策问题出台相应政策方案，具体涉及政策要达成的目标、拟定的具体方案、预测方案后果，最后政策经过审议、表决、通过向全国公布并执行；通过总结政策执行存在的问题，并对政策执行信息进行及时反馈和有效评估，以期政策方案实现预期效果。如果政策过时、多余或者产生负效应，中央政府则会及时予以终止。对于政策终结来说，一般有六种方式：政策废止、政策替代、政策合并、政策分解、政策缩减和政策立法。

二、社会政策执行过程分析

（一）社会政策执行的主要环节

政策分析是面向政策全过程的研究工作，政策分析所使用的逻辑范式和技术方法在政策过程的各个阶段都可以使用，包括政策执行。政策执行过程分析就是客观、中立地描述具体一项政策实际运行过程。

政策执行过程可以概括为政策执行动员、指标分解与任务认领、配套政策制定并贯彻实施、政策执行督促检查四个阶段。

第一阶段：政策执行动员。一般情况下，地方政府为了贯彻执行中央政府所制定的政策，需要进行深入、逐层级、广泛的动员。动员的主要形式是召开各种形式的会议。

第二阶段：指标分解与任务认领。经过政策执行动员，各级地方政府开始进行指标分解与任务认领。上一级政府根据总体布局分配任务，确定指标，帮助下一级政府及相关单位加深对任务的理解。

第三阶段：配套政策制定并贯彻实施。通过研究政策文本或者总体性要求，各地方政府和相关部门可制定配套政策给予支持。配套政策主要有两类：一类是中央政府有关部门根据相关规定的某一项或几项内容而制定的细化措施；另一类是地方政府为了完成政策目标，结合本地实际情况而制订的详细执行方案。

第四阶段：政策执行督促检查。地方政府为了确保任务的完成，通常会加大政策监督和核查力度，政策监督核查和评估要求主要有两个：第一，按照中央总体性政策要求及相关规定认定的监督、核查和评估责任与手段；第二，由相关负责人亲自监督和核查，确保政策按要求落实到位。

通过分析政策执行过程，可以发现必须将政策执行的动能转化为国家治理能力；否则，执行优势就无法转化为实际效能。具体的政策执行过程就是实现由法定程序确定总目标的过程，可以用执行过程目标手段系统图来说明（见图 4-1）。在整个政策执行过程中，每一层级政府都在努力实现政策确定的目标，同时每一阶段都会形成新的要解决的问题，这就需要不断将上一层级政府继承的政策执行的目标手段转变为下一层级政府政策执行的目标手段，不断解决存在的问题。每个环节中的每一个问题的解决都是下一层级政府未来要完成的政策目标所必须解决的“关键点”，这个关键点也是下一层级政府政策执行创新的出发点和根本点，同时这个关键点也是在实现总目标过程中的目标设定，从而可以得出这样一个公式：总目标=分目标 1+分目标 2……+分目标 N。也就是说，在政策执行过程中，政策最终目标的实现其实是由一系列小的目标集合而成，就是集合民众的一系列需求目标。政策目标的实现过程证明了社会政策执行研究的重要性，也验证了政策执行对于提升国家整体治理能力的重要性。

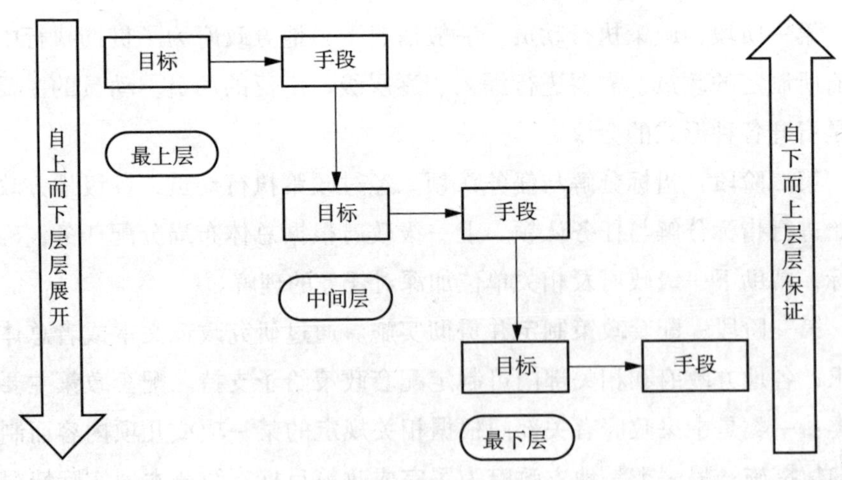

图 4-1　政策执行过程中的目标手段

（二）影响社会政策执行的因素

1. 利益

社会政策涉及利益的结构调整和重塑，从而保证社会安全、环境优化、福祉提升，促进社会健康稳定发展。利益在政策执行各环节扮演着非常重要的角色，同时决定着政策过程中的分配、协调等问题。麦克拉夫林认为："第一，政策执行者与受影响者双方在需求和观点上可能存在不一致，但是为了双方共同的利益，双方需要探讨一个彼此都能接受和适应的执行方式；第二，政策执行人员在执行手段上具有一定的灵活性，会根据环境或受影响者要求发生改变；第三，通过相互调适可以进一步增强双方的交流；第四，受影响者的价值理念会反馈到政策中去，同时可能会影响政策执行者的价值理念和利益态度。"① 可见，政策执行充斥着组织与目标群体之间的利益博弈，以及目标与手段之间不断的协调配合，政策执行最终的有效性取决于目标与手段之间的调适。

2. 资源

资源是保障政策执行顺利进行的必要非充分条件之一，一般来说，政策执行所需要的资源包括：人员、信息、设备和权威。第一，要顺利执行政策，既需要大量的专业人员，也需要具有管理与行政工作技能的人员。政策执行人员是基层政策执行的主力，执行人员的素质、能力、数量等会对政策执行产生重要影响。第二，政策执行人员必须掌握相关的政策执行内容、执行方式方法以及其他相关注意事项，尤其是涉及目标群体的需要与诉求时，只有掌握充分的信息才能确保政策执行。第三，需要充足的经费来购置政策执行所需的设备和材料，包括雇佣相关工作人员等。第四，政策执行过程中，政策执行者一定要具有强烈的责任心，具有某一方面的专长，善于协调、指导和控制。因此，政策执行人员的权威性是推动政策执行的有效资源。

3. 环境

一定程度上，政策的形成是环境塑造的结果，受自然环境和社会环境

① 参见陈庆云．公共政策分析［M］．北京：北京大学出版社，2006.

的双重影响和约束。宏观上说，环境是指某种事物发生、存在的生态条件或某行动发生的背景。① 政策执行过程中所涉及的政治、经济、文化及国际环境等都会对政策执行结果产生或多或少的影响。政治环境决定了权力在政策主体之间的分配方式和运行机制，经济条件则为政策运行提供了所需的人力、物力、财力、信息等资源，并从内容到表现形式上决定政策的合法化。文化环境包含影响政策执行的社会文化因素，如性别、年龄、受教育程度等。一个教育、科技、文化较为发达的社会，政策执行的各环节效率较高；相比较国内环境而言，国际先进经验可为政策执行提供借鉴和指导，进而推进本地区或本国的政策执行。

4. 制度

制度是指社会共同遵守的规则、法令、习惯和价值，这既是制度的基本特征，也是制度分析的关键因素。制度拥有超越个体的合法性，并具有稳定性和系统性。健全的社会体制结构有利于政策充分发挥作用，显示政策的效力；相反，则会产生一系列社会问题，严重阻碍政策的有效执行。从纵向上看，层级较多，执行效率低，行政干涉使地方政府失去自主性，降低其政策执行的积极性。从横向上看，机构臃肿，部门之间权力交叉、职责划分不清，严重制约和影响政策执行。政策执行监督机制应运而生，目的是检查和纠正政策执行过程中存在的问题，对促进政策实现预期目标，防止行政权力过度集中有积极作用。当前政策执行过程中存在的主要问题：由于地方政府不能及时根据客观环境调整政策，同时反馈制度不健全，容易延误政策执行的最佳时机。为此，只有进一步完善反馈制度，才能提高政策制定的科学性和合理性。

（三）社会政策执行分析：以社会救助为例

社会救助是指政府或社会组织对因特殊原因造成生活困难的群众给予物质和服务援助的一种社会行为。为适应经济社会发展和解决贫困问题，我国逐步建立了以最低生活保障、特困人员供养为核心，以医疗救助、住房救助、教育救助等专项救助为辅助，以临时救助、社会帮扶为补充覆盖

① 陈庆云．公共政策分析［M］．北京：北京大学出版社，2006.

城乡的新型社会救助体系。[①] 作为国家制度性安排，地方政府必须严格按照和遵循社会救助政策的执行程序和流程，政策程序和流程成为地方政府社会救助政策执行的主要依据和文本证据，需要地方政府对相关执行人员展开培训以便开展程序化操作和规范化执行。随着精准扶贫战略深入推进和稳步实施，我国社会救助事业取得了举世瞩目的成效。但社会救助政策在执行过程中也暴露了一些问题。例如，部分地区救助理念落后、救助资源分散、救助方式单一等，甚至有的地区虽然已经形成制度，但是缺乏相关法律约束，阻碍社会救助政策的贯彻执行，需要我们对社会救助政策执行进行进一步分析和完善。

1. 低保救助政策的发展与演进

1993 年 6 月，上海首创“城市居民最低生活保障线制度”，标志着中国社会救济制度进入实质性探索阶段。低保制度是“根据维持最起码的生活水平的消费需求设立一个最低生活保障标准。每一个公民，当其收入水平低于最低生活保障标准而产生困难时，按照法定程序和标准都有权利得到政府提供的现金和实物救助”。[②] 自 1993 年以来，我国城乡低保制度大体上经历了三个阶段，逐步成熟健全。

第一阶段，1993 年 6 月—2001 年 10 月，核心是建立城市居民低保制度。这一阶段又可以分为两个时期：1993 年 6 月—1999 年 10 月，创立城市“低保”制度。从 1993 年 6 月上海市改革社会救济制度开始，到 1999 年 9 月国务院颁布《城市居民最低生活保障条例》（以下简称《条例》），前后用了 7 年时间，城市低保制度由点到面，实现了在全国普遍建立的目标。起初低保制度是一些地方政府出于现实需求而进行的政策创意，上海市采用后，1995 年上半年，青岛、福州、大连、广州、烟台和厦门等东部沿海城市陆续创建该项制度。这里需要特别指出的是，中央及相关职能部门——民政部顺应这一制度所带来的政策效应，积极肯定且大力推广，低保制度得以顺利推进。

① 刘喜堂．建国 60 年来我国社会救助发展历程与制度变迁［J］．华中师范大学学报，2010 (4)．

② 唐钧．中国城市贫困与反贫困报告［M］．北京：华夏出版社，2003.

为巩固低保制度的成效，提高低保制度的法律地位，1999 年 9 月，国务院颁布了《条例》并于 1999 年 10 月 1 日正式实施。《条例》规定："持有非农业户口的城市居民，凡共同生活的家庭成员人均收入低于当地城市居民最低生活保障标准的，均有从当地人民政府获得基本生活物质帮助的权利。""对无生活来源，无劳动能力又无法定赡养人或抚养人的城市居民，批准其按照当地城市居民最低生活保障标准全额享受"，"对尚有一定收入的城市居民，批准其按照家庭人均收入低于当地城市居民最低生活保障标准的差额享受"，从而明确了"低保"对象以及所能获得的救助（见表 4-1）。

表 4-1　全国各直辖市和省会城市最低生活保障制度创建时间（以时间先后为序）①

序号	城市	创立时间	序号	城市	创立时间
1	上海	1993.6	17	杭州	1997.1
2	福州	1995.1	18	南昌	1997.1
3	海口	1995.1	19	呼和浩特	1997.1
4	沈阳	1995.3	20	拉萨	1997.1
5	广州	1995.7	21	哈尔滨	1997.4
6	南宁	1995.9	22	成都	1997.7
7	石家庄	1996.1	23	长沙	1997.7
8	武汉	1996.3	24	太原	1997.8
9	北京	1996.7	25	西宁	1998.1
10	重庆	1996.7	26	天津	1998.1
11	济南	1996.7	27	西安	1998.1
12	昆明	1996.7	28	贵阳	1998.1
13	合肥	1996.7	29	兰州	1998.1
14	长春	1996.7	30	银川	1998.1
15	南京	1996.8	31	乌鲁木齐	1998.1
16	郑州	1996.8			

1999 年 10 月—2001 年 10 月，完善城市低保制度。当全国城市和县所在镇都建立起低保制度时，却面临着一个关键问题——经费。从现实角度看，要发挥这一制度的作用，拓展其对贫困人口的救助功效，就必须突破

① 王小章．中国发达地区社会保障——来自浙江的报告［M］．杭州：浙江大学出版社，2007.

资金瓶颈。但由于各地发展不平衡，财政承受力各不相同，各地方政府对落实该项制度的态度大相径庭。尤其是落后地区，财政压力更大，执行更为迟疑。为了解决经费问题，“2000 年，国务院作出重要决策，2001—2003 年，中央财政负担的低保经费要连续翻番，从 2000 年的 8 亿元，增加到 2004 年的 105 亿元。加上地方财政支出，低保经费从 2000 年的 27 亿元增加至 2004 年 173 亿元。随之，低保保障人口大幅度增长，从 2000 年 403 万人增加到 2004 年的 2201 万人。截至 2005 年 5 月，全国累计支出低保经费 77 亿元，低保对象 2182 万人。从 2003 年起，城市低保支出稳定在 150 亿元以上，低保对象稳定在 2200 万人上下”。①

第二阶段，2001 年 10 月—2007 年 3 月，探索城乡一体化低保。在城市低保制度取得大发展的情况下，1996 年民政部办公厅下发《关于加快农村社会保障体系建设的意见》明确指出：“农村最低生活保障制度是对家庭人均收入低于最低生活保障标准的农村贫困人口按最低生活保障标准进行差额补助的制度。”上海、北京、浙江、广东、辽宁等省（市）也提出“整体推进城乡最低生活保障制度建设”的政策设计。在探索城乡居民低保制度过程中，国家积极构建新型的社会救助体系，补充性救助制度得到很大发展（如表 4-2 所示）。

表 4-2　我国有关补充性社会救助主要政策法规及出台时间②

政策法规名称	颁布实施时间
《城市生活无着的流浪乞讨人员救助管理办法》	2003 年
《关于实施农村医疗救助的意见》	2003 年
《关于进一步做好城乡特殊困难未成年人教育救助工作的通知》	2004 年
《农村医疗救助基金管理试行办法》	2004 年
《城镇最低收入家庭廉租房管理办法》	2004 年
《关于做好普通高等学校困难毕业生救助工作的通知》	2004 年
《关于建立城市医疗救助制度试点工作的意见》	2004 年
《城镇最低收入家庭廉租房申请、审核及退出管理办法》	2005 年
《国家助学奖学金办法》	2005 年

① 唐钧．城乡低保制度：历史、现状与前瞻［J］．红旗文稿，2005（18）．

② 王小章．中国发达地区社会保障——来自浙江的报告［M］．杭州：浙江大学出版社，2007．

第三阶段，2007 年 3 月至今，低保制度全面覆盖。2007 年 3 月，《政府工作报告》提议："今年在全国范围内建立农村最低生活保障制度。"中共中央、国务院《关于积极发展现代农业扎实推进社会主义新农村建设的若干意见》（中发〔2007〕1 号）也进一步明确："在全国范围建立农村最低生活保障制度，各地应根据当地经济发展水平和状况，确定低保对象范围、标准，鼓励已建立制度的地区完善制度，支持未建立制度的地区建立制度，中央财政对财政困难的地区给予适当补助。"这一文件的出台，标志着农村低保制度正式纳入国家社会保障战略的总体框架之中，并强力推向全国。这对于构建和谐社会，促进社会公平具有重大而深远的意义。

根据中华人民共和国民政部官网数据显示，2019 年第四季度，我国城乡低保金额稳中有升（如表 4-3 所示），切实保障了困难群体的基本生活。

表 4-3　城市低保与农村低保标准①

地区	城市低保标准（元/人·月）	农村低保标准（元/人·年）
北京市	1, 100. 0	13, 200. 0
天津市	980. 0	11, 760. 0
河北省	663. 4	7, 960. 8
山西省	550. 5	6, 606. 0
内蒙古自治区	689. 0	8, 268. 0
辽宁省	635. 8	7, 629. 6
吉林省	525. 3	6, 303. 6
黑龙江省	584. 0	7, 008. 0
上海市	1, 160. 0	13, 920. 0
江苏省	718. 3	8, 619. 6
浙江省	811. 5	9, 738. 0
安徽省	597. 1	7, 165. 2
福建省	615. 2	7, 382. 4
江西省	635. 5	7, 626. 0
山东省	576. 6	6, 919. 2
河南省	539. 1	6, 469. 2
湖北省	636. 3	7, 365. 6
湖南省	516. 9	6, 202. 8

① 中华人民共和国民政部统计数据，http：//www. mca. gov. cn/article/sj/tjjb/sjsj/.

续表

地区	城市低保标准（元/人·月）	农村低保标准（元/人·年）
广东省	806.6	9,679.2
广西壮族自治区	665.8	7,989.6
海南省	562.8	6,753.6
重庆市	580.0	6,960.0
四川省	552.0	6,624.0
贵州省	613.4	7,360.8
云南省	619.8	7,437.6
西藏自治区	834.1	10,009.2
陕西省	607.8	7,293.6
甘肃省	530.2	6,362.4
青海省	575.4	6,904.8
宁夏回族自治区	574.6	6,895.2
新疆维吾尔自治区	467.2	5,606.4

2. 城市低保救助政策的执行

从宏观到微观层面，作为政策执行的重要环节，各级地方政府和部门对低保政策的执行效果影响较大，具体见图 4-2、图 4-3。但地方政府在具体执行低保救助政策时，可能会有偏离、违背政策初衷的情形。这一方面说明政策执行的基础以及环境对政策执行成效的影响，另一方面也说明了地方政府在政策执行过程要发挥主观能动性，提高执行成效。

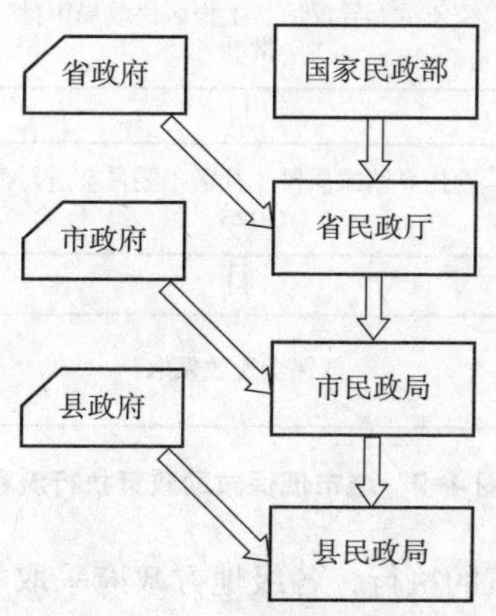

图 4-2　各级政府部门负责贯彻执行低保救助政策

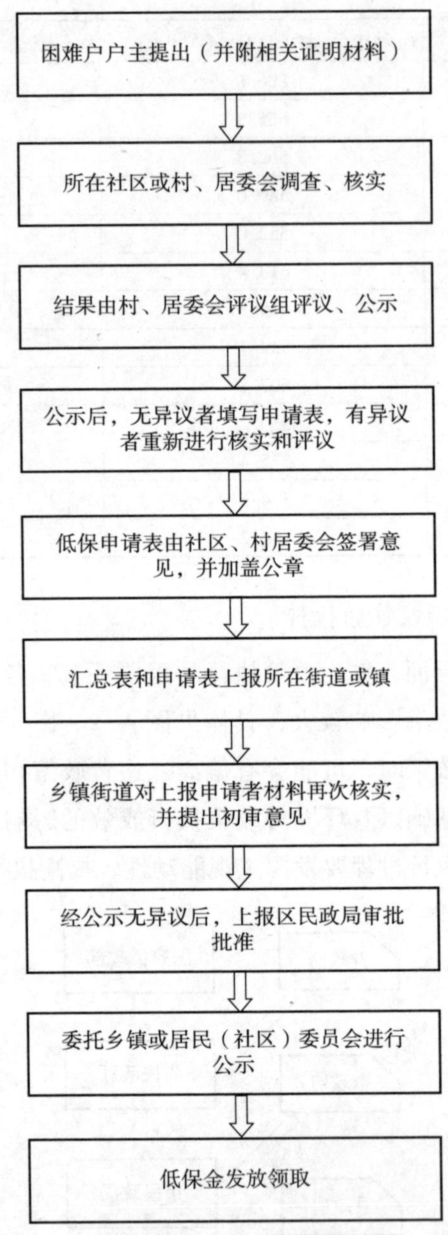

图 4-3　城市低保救助政策执行流程

对于低保救助政策的执行，各级地方政府采取的理念、方式、效率各不相同，执行结果自然也是大相径庭。作为一项惠民政策，低保资金是国家发展民生事业，为低收入人群基本生活提供的兜底性保障，生活困难符合低保条件者本应该可以领取。但是，在具体执行过程中，低保名额分配过分倚重基层特别是村委会、村民小组一级，而相应的监管措施又跟不上；同时受低保户分布点多面广、信息不对称等因素影响，导致一些贫困人口应保未保，出现“人情保”“关系保”“骗保”“错保”“漏保”“抽签低保”等问题。这些问题在执行过程中如果不加以重视解决，就会降低群众对低保惠民政策的认同感，产生焦虑和不公平感。

以城市低保救助政策执行来说，主要存在以下问题：第一，在社会救助政策执行过程中，初审阶段主要核查财产信息和甄别救助对象，这是社会救助执行的首要步骤。经济核查一般通过网络查询和实地入户的方式进行，分为财产核查和收入核查。对于财产来说，主要包括车辆、房屋、存款、实物等，但这些较难核查和掌握，一些政策执行对象为了获得低保可能会隐瞒或恶意欺骗，以获得救助资格。对于收入来说，主要包括工资性收入和灵活就业收入等，但灵活就业收入难以掌握。第二，在社会救助政策执行流程中，公示的初衷是让邻居、组织等可以监督救助对象，但在实际执行过程中，有的救助对象不愿公布自己的贫困状态和信息，公示易引起救助对象的自卑心理和消极心态，有的救助家庭正在上学的子女，为此很容易受到同学的歧视，对其正常的生活和心理产生不利影响。第三，社会救助政策在执行过程中经常需要填写各种表格信息，这些表格无论是内容还是格式方面，都有待优化以便进行信息管理，把社会救助信息和数据进行整合，建立专项信息管理系统，更好地为社会救助工作服务。

针对以上问题，各级政府以人性化、服务化的执行理念，采取了很多便民利民措施，本着社会福利全民共享的理念，开展了很多让城乡居民暖心的行动。

目前，各地方政府相互借鉴相互学习，成立“救急难”工作领导小组，建立由民政、财政、卫生、教育、住建、人社等部门组成的社会救助联席会议制度，明确成员单位职责，及时研究解决开展“救急难”工作中存在的问题。设置“社会救助一门受理”窗口，配备专职和兼职社会救助人员，负责社会救助工作的政策咨询、业务受理、转办、承办等工作；还通过政府购买服务的方式，聘请社会救助协管员，负责协助相关部门开展

调查、公示、评议等工作，主动排查急难人员，帮助其办理相关救助业务，打通了社会救助“最后一公里”，做到了早发现、早介入、早救助。同时，定期举办培训班，对社会救助工作人员进行业务培训，让救助队伍达到“业务全能”。切实改变以往的碎片式救助，对申请救助的需求进行“一站式”解决，确保社会救助公开、公平、公正、及时。同时，各部门在实施救助前，救助对象经张榜公示无异议后，纳入社会救助“一门受理”平台，由社会救助中心进行统一实施分类救助。

针对社会救助政策执行过程中出现的困难和问题，一些地方政策执行中具体的创新操作所体现的人性化和群众性，赢得了广泛称赞。同时，这些案例为基层妥善解决同类问题提供了有力依据，[①] 并对确实困难又不符合现行低保政策规定的情形，提出了很多人性化的解决办法，可供低保工作者酌情参照执行，对做好全国城乡低保实践工作很有指导意义。

党的十九届四中全会以来，我们既要打赢脱贫攻坚战，又要建立解决相对贫困的长效机制。社会救助政策是保障困难群众生活的一道坚固防线。江苏等地在政策执行过程中力求“温情社会救助”，“温情社会救助”的首要任务是构建“弱有所扶”大救助体系，特困供养对象、低保对象、低收入家庭、支出型贫困家庭都在其保障范围内，救助分类分层、阶梯递进。为此，重残、重病“单人保”等救助政策全面推开。“温情社会救助”在“救助谁”的问题上开始从“绝对贫困”向“相对贫困”拓展，在“怎么救”的问题上首次提出“只需跑一次，无须开证明”的创新改革。在“救什么”的问题上，传统救助方式一直以“现金救助”为主。随着社会的发展，社会救助越来越需要向生活帮扶、精神慰藉、能力提升、社会融入等人文关怀型综合救助拓展，以促进人的全面发展；此时，社会救助就需要更专业的社会服务介入。[②]

3. 低保救助政策执行总结

我国一直在努力建立并逐步完善社会保障制度，通过制度化的政策构

---

① 中华人民共和国民政部网站．南京市建立城乡低保典型案例制度［EB/OL］．http：//dbs. mca. gov. cn/article/dfdt/200801/20080100011234. shtml.

② 中国江苏网．江苏省温情社会救助持续升温［EB/OL］．https：//baijiahao. baidu. com/s?id=1649947438326418735&wfr=spider&for=pc.

建，履行政府责任，保障社会贫困人口的基本生活条件。杨立雄认为：“实施最低生活保障制度的意义在于，中国的社会救助制度从人道向人权转向，从慈善性救济向制度性救助转变，对中国社会保障制度产生重大影响。”① 低保救助政策的价值在于维护社会公平，推进社会进步；基本功能为调节社会利益，化解社会矛盾；根本目的是保持社会和谐稳定，促进人的全面发展。如果低保救助政策的执行出现偏离或偏差，则会背离救助政策最初制定的目标，使社会救助政策成本提高，绩效下降。低保救助政策的成功执行对整个社会政策的执行有重要的影响和作用：

第一，关系政策目标的实现。低保救助政策关乎社会弱势群体的切身利益，帮助解决其实际问题。在整个社会保障政策执行过程中，只有把目标群体的利益放在第一位，社会保障政策的目标才能实现；否则，会损害目标群体的利益，降低政府的公信力。

第二，关系公民权利的构建。当前，国家在医疗、养老、就业等领域的社会救助政策社会关注度高，帮助失业人员、下岗职工、老年人、“三无”人员解决实际困难是整个社会发展进步的标志，解决城乡居民困难和弱势群体的工作生活问题是全面建设小康社会的重要前提。低保救助政策的一个重要作用就是通过对国民经济收入的再分配，对市场分配方式的不足进行弥补，从而提升社会公平、维护社会安全稳定。

第三，有利于完善政策执行理论和丰富政策执行经验。建立健全社会保障政策不仅可直接解决社会问题，而且对化解社会风险，预防社会危机具有极为重要、不可或缺的意义。任何一项政策不可能一经制定就完美无缺，都需要通过实践加以检验，再升华为理论政策。政策需要通过实际执行，依据可行性、时效性等具体情况，不断修正和完善。当前，低保救助政策逐渐增多，内容日益丰富，但在保障对象、保障内容、保障标准等方面存在交叉、衔接不畅等问题，尤其在救助渠道、资金来源、政策裁量等方面较为突出。为此，务必要做好社会保障政策执行工作，理顺关系，发展和完善社会保障理论和实践经验。

我国自执行低保救助政策以来，成效显著，主要表现在以下几方面：

---

① 杨立雄．从人道到人权：穷人权利的演变［J］．社会保障制度，2005（3）．

第一，推进了社会主义市场经济体制改革。在低保对象中，很大一部分人是下岗失业人员，低保救助政策的制定和执行，客观上保证了国有企业改革的顺利进行。同时，建立独立于企业之外的国民救助制度，可以让企业摆脱计划经济体制下“单位制”的影响，按照市场的逻辑来合理配置劳动力资源。

第二，促进了社会公平。最大限度地实现社会公平，不仅是人类社会追求的目标，更是中国社会发展进步的重要标志。要促进社会公平，就必须重视弱势和困难群体的利益，通过健全制度来保障其利益。

第三，有助于社会和谐。低保救助政策的执行使贫困家庭能够获得相应的物质帮助，可以维持日常生活开支，从而可显著减少因贫困带来的冲突和矛盾。

第四，有利于消除社会焦虑。下岗失业、就业困难人员易因贫困产生恐惧和不满情绪，低保救助政策可疏解贫困人员心情，不至于产生被社会和时代抛弃的社会心理，有利于其调整心态，重新树立信心，增强社会责任感。

实践证明，低保救助政策有力维护了社会公平和正义，让贫困人口也可享受到社会发展成果。

但也还存在一些问题，亟须解决，具体如下。

第一，对低保对象的审核机制有待完善。在低保救助政策执行过程中，“随意入保”“投机骗保”“人情保”等现象依然存在。实际工作中，只能对低保家庭的收入做表面审查，无法核查其财产，常常导致很多不该享受低保的人享受了低保，而真正贫困的人得不到救助，低保资源并没有分配到真正有需要的人手中。对政府而言，似乎实现了政策的可及性，但是从贫困群体来说却并不一定是“可得”的；政府提供了救助，但不是每一个需要救助的家庭都能得到救助，制度的“可得性”没有完全实现。①

第二，低保救助的标准较低。在我国，尤其是偏远农村和山区因贫困、疾病、残疾等致贫的人口占有相当大比例，偏远农村和山区也是贫困人口的主要分布地区。在这些地区，能够享受到低保待遇的家庭比例较

① 祝建华．城市居民最低生活保障制度的评估与重构［M］．北京：中国社会科学出版社，2011：128.

低，有些低保人口甚至连基本生活条件都无法保障，生活质量低下。因此，从国家和政府的角度而言，保障每一个贫困人口的基本需求，这为社会公平发展奠定了基础。随着社会的进步，公民自我权利意识的觉醒，生活成本的逐年增加，提高低保救助标准成为必然。

第三，存在“福利污名”现象。低保救助过程中，低保户的“污名感”是其申请和领取低保的心理反应，这种感到“受辱”的心态更多来自一种“贴标签”效应。当贫困者长期以微薄的低保救助金维持生计时，因被贴上“吃低保”的标签而遭受“社会排斥”，并使被救助者产生社会交往恐惧，导致其社会边缘化。另外，“贴标签”会使人产生耻辱感，并降低社会的凝聚力。

第四，基层低保工作队伍的建设问题。街道办事处和居民委员会是低保对象认定审核和管理的服务机构，为贯彻执行低保救助政策发挥了重要作用。但基层低保救助政策执行人员多数没有经过社工技能培训，在实际工作中往往不能准确传达低保救助政策精神，基层低保工作人员的素质有待提高。同时基层低保工作人员的工作量大，待遇偏低，影响其工作积极性。

综上所述，在低保救助政策执行过程中，执行理念至关重要，决定了政策行动的方向；学者、专家和研究机构的建言献策对地方政府如何顺利开展政策提供了智慧源泉；政策执行人员在执行过程中要认真学习各项政策文件，只有领会政策精神和主旨，才能采取正确的措施；社会公益组织与公众联系紧密，有着天然的优势，既是政府与公众联系的桥梁，也是传递公众声音的重要平台。

4. 各地政策执行创新案例

社会救助政策执行创新实践活动是践行创新发展理念、破解社会救助难题、推进社会救助事业改革发展的重要抓手。2018 年民政部组织开展了全国民政社会救助领域创新实践活动，鼓励基层在统筹救助资源、强化救助服务、提高兜底能力、精准认定对象、加强政策衔接等方面开展创新实践，鼓励地方形成可宣传、可复制、可推广的经验。经第三方机构组织专家评审，上海市静安区民政局等 10 个单位提交的成果获评“2018 年度社会救助领域优秀创新实践案例”，如表 4-4 所示。

表 4-4　2018 年度社会救助领域优秀创新实践案例①

（1）上海市静安区民政局："桥"计划——多重需求家庭综合服务
（2）安徽省合肥市庐阳区民政局：为社会救助插上"互联网+"的翅膀
（3）内蒙古自治区兴安盟民政局：社会救助信息化管理系统建设项目
（4）广西壮族自治区田林县民政局：最低生活保障审批权限下放乡镇改革
（5）山东省临邑县民政局：再造救助流程，创新建立诚信救助机制
（6）江苏省泗阳县民政局：创新"急诊救助"模式显成效
（7）福建省福州市民政局：建立"一面二点三结合"机制，助推困难群众巡访制度落到实处
（8）江西省吉安市民政局：运用大数据"一站式"核对平台，助推兜底保障精准化
（9）陕西省宝鸡市民政局：刚性支出救助典型案例
（10）贵州省贵阳市云岩区民政局：创建社会救助失信惩戒机制，提升精准化动态化管理水平

具体情况如下：

第一，上海市静安区民政局通过"建构评估体系、探索服务模式、搭建多部门合作网络"等举措，分阶段推行"多重需求家庭综合服务"，及早发现和筛查出具有高风险的家庭，有效评估其潜在的问题与需求，主动并提前提供以家庭为对象的预防性、辅导性及支持性的专业服务，建立起家庭服务和家庭风险预警网络，有针对性地加大救助资源配置力度，最大限度地协助家庭走出困境。

第二，安徽省合肥市庐阳区民政局依托互联网，以多种接入方式构建精准救助服务信息平台，形成纵向连接区、乡镇（街道）、村（社）委会三级，横向连接社会救助相关职能部门和单位的网络体系，建立起数据采集、交换、管理、更新的工作机制。建设全区统一的、"不重不漏、全覆盖"的救助信息采集系统，通过救助信息资源互通、构建立体化救助体系、生成"困难指数"排名、推出救助政策"套餐"、分析运用"救助大数据"等举措，实现社会救助工作的基础数据信息化、业务处理网络化、救助服务便民化、分析决策科学化、业务监管智能化、救助资金发放社会化、资金管理规范化。

第三，内蒙古自治区兴安盟民政局通过自助申请、在线核算、在线公

① 民政部办公厅关于 2018 年度社会救助领域创新实践有关活动的通报［EB/OL］. 中华人民共和国民政部网站，http：//www.mca.gov.cn/article/xw/tzgg/201901/20190100014504.shtml.

示、设置专属二维码、建立公民明白卡、生存认证、投诉举报反馈等措施，解决了群众多次上门办事难、收入核算不准确和低保监督检查难等问题。实现了低保申请自助化、收入综合认定自动化、低保定期报到管理规范化、群众监督的便捷化、政策宣传的创新化，全面提升了社会救助规范化管理水平和社会救助兜底保障能力。

第四，广西壮族自治区田林县民政局大力推进简政放权，扎实有序梳理“最多跑一次”事项，推行最低生活保障审批权限下放乡镇改革试点，进一步精简申请材料、压缩办结时限、减少群众办事跑腿次数。由乡镇人民政府负责审核审批，县（市、区）民政局负责救助资金的发放和监管，有效破解服务困难群众“最后一公里”难题，实现低保申请“最多跑一次”。

第五，山东省临邑县民政局以完善最低生活保障制度为重点，探索救助对象认定办法，放宽认定标准，再造审核审批流程，下放审批权限，设定贫困群众困难指数，引入诚信机制，进行肯定式纳入和否定式审查。这些举措解决了救助对象认定难、基层具体操作难、救助程序复杂、申请救助不诚信等问题，让救助更加精准、便民、高效、诚信。

第六，江苏省泗阳县民政局以提升社会救助“救急难”效能为目标，充分发挥临时救助在社会救助体系中的应急响应、摆渡转介、补充兜底作用，在健全主动发现机制、应急响应机制、监督长效机制、综合保障机制等方面进行了有益探索，形成了“急诊救助”新模式。

第七，福建省福州市民政局在省内率先建立困难群众巡访制度，变被动受理为主动发现、主动帮扶。采用“一面二点三结合”的工作方法，把巡访触角延伸到每个乡镇（街道）、村（社区）和每户困难家庭，扎实摸清了困难群众底数并建立动态台账，做到部门协同推进、救助服务下沉、对象全面覆盖、保障成效明显，切实增强了困难群众的获得感、幸福感和安全感。

第八，江西省吉安市民政局通过市政府大数据平台建设，全面推进金融资产信息查询，建立“一键”发起、“一站式”查询的工作模式，快速、全面查询本区域范围内的银行、证券、保险等金融机构信息，为精准认定救助对象提供支撑，以高效的核对手段，核查居民家庭客观真实的经济状况，补齐了以往入户调查采取“看、问、闻”方式认定对象不准确的短

板，提高了精准识贫工作能力，为全省乃至全国推进跨部门信息查询，特别是金融资产查询提供了样板。

第九，陕西省宝鸡市民政局制定刚性支出家庭救助办法，实现“收入型”救助向“支出型”救助的转变，从解决贫困群众生活所必需的衣、食、住、行等基本生活支出，转变为救助家庭所必需的医疗、教育等刚性支出。不仅解决了公民的基本生存需要，而且关注其正常社会生活的能力，以满足家庭个性化需求为路径，构建多元化的“救助套餐”，较好地解决了低保边缘家庭因病、因残、因学导致的负担过重等问题。

第十，贵州省贵阳市云岩区民政局会同监察、法院、检察、公安等部门以及社区服务中心（镇），全面建立社会救助失信当事人联合惩戒合作机制，整合发挥部门资源优势，针对社会救助失信人员的失信类别、失信程度给予相应的惩戒，有效破解了社会救助申请人不如实申报家庭收入、财产等信息导致救助不精准的难题，增强了救助申请对象和救助对象的诚信意识和依法依规申请的意识，开辟了社会救助诚信体系建设的新途径。①

2019 年度，青岛城阳区“小桔灯”案例成为全国社会救助创新十佳案例第一名。“心理救助、播洒阳光，点亮困难群众心灵的小桔灯”是青岛市城阳区对困难群体进行心理救助的服务品牌，创意来源于作家冰心的散文《小桔灯》。作为全国社会救助综合改革试点和青岛民政事业改革创新试验区，城阳区在省、市两级民政部门指导下不断加大统筹完善社会救助体系力度，推行“六度”工作法，形成了“1235”阳光心理救助服务体系，即救助创新实践“小桔灯”案例（见表 4-5）。具体来说，就是通过为困难群体提供心理关爱服务，帮助困难群众更好地融入社会，逐步消除“隔离感”；帮助救助对象及其家庭成员转变思想观念，发掘自身潜能，学习谋生技能，增强改变动能，消除救助依赖；帮助困难群众树立良好心态，乐观地面对工作和生活，增加社会正能量；帮助困难群众链接资源，解决生活、就学、就业、医疗、住房等方面的困难和问题。

① 以实践创新提升社会救助水平［EB/OL］. 搜狐网，https：//www.sohu.com/a/291012250_106321.

表 4-5　“1235”阳光心理救助服务体系①

代号	具体内涵
1	成立 1 个区级心理救助关爱基地。依托瑞阳心语公司，在全国率先设立了社会救助心理关爱基地，为困难群众搭建了心理沟通交流平台
2	打造线上线下 2 个心理救助阵地。委托专业机构、专业社工队伍和心理服务志愿者对全区 2600 余名低保（特困）对象进行了入户巡访调研，筛选出 1000 余名重点服务对象，开展线上线下心理健康服务
3	建立 3 支心理救助专业队伍。一支专家服务队伍，有专家团队 80 余名、咨询师团队 220 余名、培训团队 120 余名；一支专业社工服务队伍，有经过心理学专业培训选拔的优秀社工 200 余名，开展嵌入式救助服务；一支心理志愿者队伍，有志愿者 180 余名
4	构建 5 个心理救助工作机制：心理隐患预警机制、心理需求服务机制、心理压力疏导机制、心理危机干预机制、心理救助评估机制

（四）社会政策执行创新模型：混合扫描模型的构建尝试

对于社会政策执行而言，长期以来，研究路径都是借助“三阶段”模型，即自上而下、自下而上、上下结合的模型。第一代政策执行研究者更加强调政策制定与执行的分立，第二代政策执行研究者强调制定与执行的协商合作，第三代政策执行研究者扬长避短，但依然忽略了政策执行的创新环节，以及创新当中对主体、客体、对象潜力的挖掘。

社会学家阿米泰·艾茨伊奥尼（Amitai Etzioni）重新思考决策方式后认为，需要再次反思除“基础性决策”和“渐进性决策”之外，是否可以找到新的政策研究路径。在此基础上，艾茨伊奥尼提出了混合扫描的决策方法，强调这是一种“用更好的次序，即基础性决策程序设定基本方向……渐进性决策为基础性决策做准备并在基础性决策达成以后对其加以实施”。②

通过学习混合扫描理论，可以发现艾茨伊奥尼主要关注决策范围，就是对于决策者而言，既要关注长远问题，也要关心当下问题；既要进行全面问题扫描，也要聚焦于个别具体问题。

通过社会政策执行的混合扫描模型可知（见图 4-4），在社会政策执

---

① 全国社会救助创新实践十佳案例，青岛“小桔灯”排名榜首［EB/OL］. 齐鲁壹点，https：//baijiahao. baidu. com/s？ id=1655223091443706767&wfr=spider&for=pc.

② 转引自谢明 . 公共政策概论（第二版）［M］. 北京：中国人民大学出版社，2014.

行过程中，我们既要综合运用完全理性的、程序化的方法，同时也要注重渐进式、标杆式的方法；既要考虑执行过程中面临的困境，也要发挥“执行链”的作用，从而将可能影响政策执行目标实现的范围进行“扫描”。要像医生诊断病情一般，通过清晰的“扫描”活动，诊断政策执行过程中存在的“病灶”。摒弃不合时宜、影响执行效果的方式，形成一套可重塑、能参与、有反馈、可监督的法治机制，最终助力政策的成功执行。简而言之，可把该模型总结为：以“宏观+中观+微观”为出发点，以“顶层设计+自下而上+参与反馈+创新扩散”为落脚点，且“上下结合、不断学习”的新时代社会政策执行新模型。

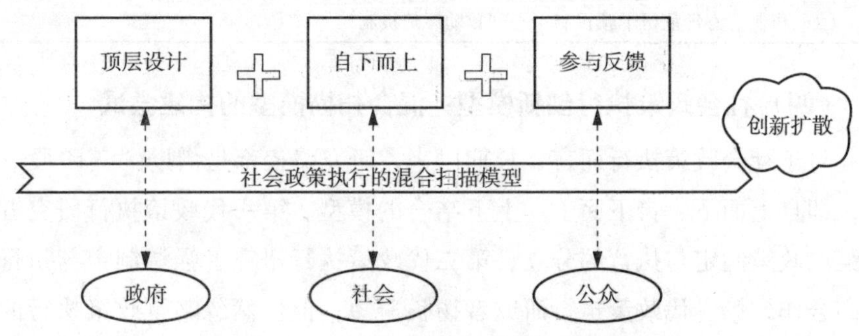

图 4-4　混合扫描型社会政策执行模型

三、本章小结

本章从政策程序和政策过程出发，探究了政策程序和过程对于政策执行的重要性。对于社会政策执行而言，一般会经过不同的政策程序和政策环节。在这一过程中，社会政策执行会受到利益、资源、环境、制度等因素的影响。以社会救助政策为例，中央政府和各地方政府之间围绕“目标—手段—结果”进行互动，并产生各不相同的执行结果。总体来说，社会救助政策的执行关系政策目标的实现，也关系“政府—社会”关系的重新构建，对于密切联系群众、传递创新理念、化解社会风险、预防社会危机等具有积极的作用。因而，各地方政府探索开展政策执行的创新是时代所需，是新时代我国社会政策执行的有效路径选择。

第五章 社会政策执行创新分析

20 世纪 90 年代以来，“创新”成为国际社会政策领域发展的主要特征，创新有一个共同的特点就是发挥政策执行的积极作用，政策目标的实现，需要各级组织和政策执行主体能力效率的提升、政策执行理念的转变更新和网络科技手段的推动，这正是新时代增强国家竞争能力和实现可持续发展的重要要求。

通过第四章的分析，我们可以看出，政策执行成效通常会受到一些关键变量和重要因素影响，为此需要地方政府根据其发展环境、资源禀赋、人才集聚等因素不同情况下探索政策执行创新，创新已成为政策执行中一个必然环节（见图 5-1），或者说是更好实现政策目标的必然过程。然而，事物总是两面性的，我们要辩证看待政策执行的创新环节，了解当前政策执行的过程和整体状况。此外，除影响政策执行创新的因素之外，我们还需要注意地方政府创新的内容，避免为了创新而创新。

本章从政策执行若干环节中一个小点入手，还有一个重要的原因在于当前的中国社会治理已经进入常态化发展运行轨道，原有的所谓“执行偏差”或者“执行失败”的确存在，但是，新时代中国从中央到地方，从“一把手”到“村官”，不论是“县官”还是“现管”，政策执行已经走上了新的更好的发展路径。尽管在现实中总有“一只老鼠坏一锅汤”现象的存在，但是，这些丝毫不能影响中国目前从上到下，从下到上整体性的治理理念和创新思路。作为新时代的“后执行阶段”，就需要将没有考虑的开始考虑，将没有细致的变细致，以不变应万变，将执行落到每一个百姓得实惠上，落到大家的口碑上，落到中央文件上，落到基层村干部上，落到田间地头上，落到村庄院落上，落到医养护理上，落到农村教育上……这些就需要在执行中产生新点子、新思路、新视野和新高度，所有的一切都可以归结于要有“创新”的思维和随机应变的能力。而这也正是本章写

作的根本出发点，尝试从“创新”这一环节再审视政策执行，我们寄希望于通过介入这样的理念和路径避免执行出现新的问题，同时也避免创新产生内卷化，使地方政府更好地借鉴与学习，并不断扩散政策执行与创新的手段、方式和方法，逐步完善我国的法律监督和保障体系。通过完善政策执行的外部环境，破除地方政府行政化壁垒，确保政策的执行是为了公共利益，最终实现中央政府更好地治理。

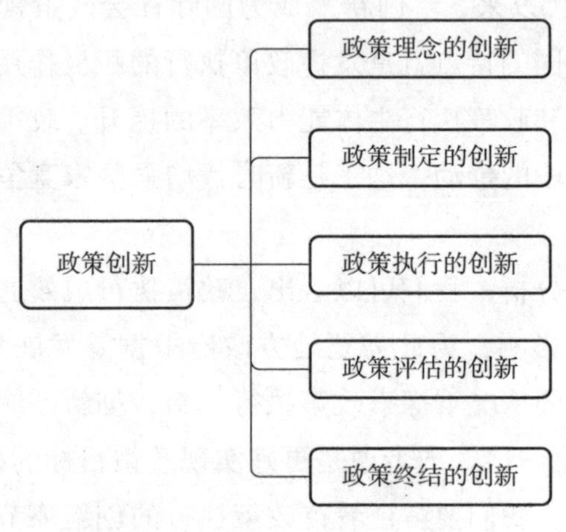

图 5-1　政策创新

一、社会政策执行的创新方式

（一）理念创新

所谓理念，主要指通过对问题的观察和分析所建立起来的解决问题的前提条件、思路、方法、观念和法则等，是对客观对象的理性认知与概括。没有实践就没有理念，理念随着人们对事物认识的深入而深化。对社会政策执行过程的研究就是不断更新执行理念的过程，它遵循实践—认识—再实践—再认识的规律。可见，对现象的深入认识不仅对实践具有指导作用，而且对实践具有推动作用。

所谓理念创新，是指革除旧有的既定看法和思维模式，以新的视角、新的方法和新的思维模式来改善执行决策，形成新的策略或思想观点，进而用于指导新的实践过程。理念创新对于决策科学化具有重要作用，通过对理念创新科学把握社会现实问题，遵循实践规律进而实现政策活动的目标。

新理念主要来源于社会实践，不论是自身进行变革，还是汲取外部变革的经验教训，都需要进行实践探索，不断提出新思路、新看法、新观念，推动观念和理念的替代更新。理念创新的实质是认识不断深化的过程，具有深刻性，进而对社会实践具有指导作用。理念是人们基于知识与经验而形成的关于客观对象的理性认知与概括，新理念是人们在原有的概念、记忆和实践经验基础上对事务或原有信息进行衡量、组合、规范加工的过程，从而形成新的信息和秩序。因此，理念创新的前提是继承，继承是基础，创新是结果。

理念创新有助于人们把对政策执行的认识推向新的高度，从哲学角度来看，事物的变化是必然的、经常的，因此，政策执行过程中理念也应随环境、情况的变化而有所更新，从而改善整个政策执行过程。只有更新理念，才能促进机制的转化。理念创新是一切政治、经济、社会创新活动的前提，理念创新要依照内在的规律进行。

（二）条件创新

我国正处于社会转型期，推动创新、提升政府创新能力是当前我国各级政府的紧要任务。很多地方政府都采取了一些创新措施，以便因地制宜、因时制宜、因人制宜地贯彻落实政策。但是，由于各地经济社会发展差距大，那些经济发展水平低的地区，受制于条件，当地政府政策创新能力以及推动社会向前发展的动力比较弱，其创新动机也难以完全发挥，更需要从资源供给、激励、决策者的创新能力等方面加以强化社会政策执行创新。

1. 资源供给

资源的缺乏对地方发展具有很大的局限性，地方政府并不缺乏创新动力，只是在制度和资源储备不充分的情况下，地方政府开展政策执行创新难度加大。我国地方政府政策执行创新中资源供给不足主要表现为：

第一，财政资源不足。我国从 1994 年开始实行分税制，一定程度上增加了地方政府的财权，但是地方政府在面对日益复杂的社会问题时，财政总量难以支付。

第二，信息资源不足。信息化、网络化时代，信息资源决定了决策者如何进行政策资源分配，但是地方政府掌握的信息资源十分零散和有限。因此，在政策执行过程中，为促进地方政府进行政策执行创新，在财力分配、信息共享、权力下放等方面向地方政府提供支持，从而提升地方政府政策执行创新能力。只有充分保证政策资源的供给，才能使政策执行形成稳定的执行机制和利益规范，降低不必要的风险和成本，推动社会各项事业发展。

2. 激励

政策执行创新除需要资源供给之外，适度的激励必不可少，激励可培育和发展地方政府创新能力。创新在某种程度上意味着风险和成本，因此，各级地方政府和行政人员都会考虑是否“经济”，考虑政策执行中的成本收益。政策是公共产品，具有鲜明的公共性，地方政府针对政策的创新最终的服务对象是社会成员，创新的风险可能会影响地方政府官员的政绩升迁，关乎相关部门的利益，使得地方政府一定程度上不会主动进行社会政策执行创新，缺乏执行动力。从目标群体角度来看，政策执行的创新需要倾听和反映不同群体的政策诉求，需要建立健全政府公开制度，建立健全政策诉求表达机制，才能发挥创新的积极作用。但是，一些政府行政人员因受官僚制的影响，缺乏创新意识，需要激励机制去激发基层政策执行人员的创新意识和能力。

3. 地方政府决策者的创新能力

决策者的知识、能力、素养一定程度上可以提升地方政府政策执行者的创新意识和能力，政策的决策者对政策的执行方案具有领导权和控制权和最终决定权，决策者的能力主导着政策系统的运行，决策者的创新能力在政策执行创新过程中具有重要作用。当前一些地方政府官员存有官本位思想，缺乏创新意识。为此，需要从各方面加强地方政府决策者的思想建设，加强行政官员的知识培训力度，使决策者自觉转变观念，培养和提高决策能力，培养地方政府政策执行者的创新精神，从而顺利实现政策执行的目标。

(三)方式创新

在政策执行过程中，方式方法的选择和运用对政策执行结果有重要影响。政策执行中的方式创新要明确地方政府行为的价值和标准，对于地方政府来说，这是一条“通往罗马的道路”，是地方政府政策执行的方向与原则。

首先，要理顺中央与地方政府之间的政策关系。社会政策的目标之一就是通过执行相关政策缩小差距，对社会资源进行再分配，满足目标群体需求。地方政府作为政策的主要执行者，面对复杂的社会环境，如何实现政策间的互补与兼容，是实现政策目标的重要前提。这需要地方政府在政策执行和再决策中统筹兼顾各种政策关系，为政策执行创新奠定基础。

其次，解决政策执行中的难点问题。地方政府在政策执行过程中，既要全面理解政策精神，又要兼顾其他方面，分清楚主要矛盾和矛盾的主要方面，切实解决政策执行中的难点问题，找出问题的源头，通过突破难点推进政策执行创新。

(四)动力创新

政策执行的创新追根究底需要动力系统的支持，动力系统既需要外在的环境制度，也需要内在因素。

1. 内在动力

“没有一个有效的政府，经济和社会的可持续发展都是不可能的。”[①]各级地方政府都有推动当地政治、经济、社会发展的强烈期望，这种内在的期望是促进地方政府改革创新的动力之一。具体可从以下几个方面分析：

第一，可持续发展的需要。地方政府在地方可持续发展中扮演着“公共管理的主角”。[②] 地方政府通过维护社会正常秩序和促进地方经济的发展，保障人民的生活水平、满足社会各阶层的利益，从而促进社会的和谐。构建服务型政府要求转变政府行政职能，传统的行政体制不能适应社

① 世界银行．1997 世界发展报告：变革世界中的政府［M］．北京：中国经济出版社，1997.

② 陈庆云．强化公共管理理念推进公共管理的社会化［J］．中国行政管理，2001（12）.

会发展的需要，要求地方政府需要主动创新适应社会发展的要求，推进可持续发展，引领地方经济和社会的可持续发展。

第二，地方政府行政人员的升迁诉求。在实际政治生活中，地方政府人员的升迁直接取决于其政绩体现。政策的执行是否有效往往能体现出地方政府行政人员的行政能力和政绩，进而成为推进政策执行创新的内在动力。要在一个资源有限、经济发展水平较低的地方实现政策目标，除了有正确的指导思想，地方政府行政人员需要在政策价值理念、手段、资源等方面进行创新，从而实现个人的升迁。

第三，社会群体的政策认同。政策执行最终的目标对象是社会群体，社会群体是推动社会发展的主要动力，是实现政策目标的推动者。随着经济社会的发展，社会群体对公共产品以及公共服务的需求逐渐增加，地方政府能否提供满足社会群体需要的服务成为社会群体拥护和支持的首要因素，政府制定政策需要关注社会群体的诉求，从而使政策得到社会群体的认同。在社会转型期，社会利益结构分化，利益主体之间的矛盾和冲突增加，而社会群体的认同可减少政策执行中的阻力和障碍。因此，地方政府在执行政策过程中，必须考虑各社会群体的利益诉求，考虑利益主体之间的利益冲突，要善于平衡各方的利益，从而更好地实现政策执行的目标。

2. 外在动力

在政策执行过程中，来自外部的压力会形成一种“倒逼”机制，从而促进地方政府改革创新，这时压力反而转变为一种动力。这种外部压力可能来自基层社会群体，也可能来自上级政府的监督，还有可能是同级政府之间的相互学习。这里主要从地方政府间相互学习和媒体舆论两方面阐述。

第一，地方政府间相互学习。各地方政府在促进本地区经济社会发展方面都有自己的措施和办法，为更好地吸引外部资源和生产要素，各地会相互借鉴彼此的成功经验，以增强本地区的优势，从而会形成竞争资源的特殊“竞争体”。为此，各地方政府需要通过技术和制度创新来吸引外部资源，以形成本地区的资源与政策优势。同时，要防止地方政府之间恶意竞争，造成不必要的损失。通过相互学习，各地方政府会更加注重持续性发展与创新性能力的提升，发挥本区域的资源禀赋优势，从而易于获得政策推行的成功；结合本地区实践发展经验，不断地给予反馈，既可解决当地实际问题，又可强化政策执行力度。

第二，媒体舆论的监督。媒体舆论通过对政策制定、政策执行、政策评估等过程的广泛参与监督，既可提高政府工作的透明度，又能辅助政策主体获得相关信息，同时可增强改革创新的动力。媒体舆论的参与监督对于政策的传播、民情民意的传达、政府形象的提升具有重要意义。媒体舆论监督的独特之处就在于媒体舆论的发力方式不同。新闻媒体传播渠道广、对政策的解读和宣传力度强，可潜移默化地引领社会潮流，增强社会号召力，提升政府服务能力。对于一些社会不良风气，新闻媒体的正面传播、典型报道可以形成强大的“社会气候”，发挥媒体舆论的阵地作用，既可以抑制社会负能量，又可以倡导社会正义，推动政府、社会、公众之间的和谐互动。

二、社会政策执行的创新生成

（一）主政官员：政策执行创新的中枢

地方主政官员在地方政策执行中扮演着“神经中枢”的角色，其个人的价值取向和偏好会影响当地政治、经济、文化发展的思路和方式，对于破除体制弊端，引导制度创新发挥至关重要的作用。

因而，在选拔地方政府官员时，要特别重视其是否具有创新精神，要重点关注其思想境界和能力高低。地方主政官员要摆脱思想禁锢，大胆创新，摒弃传统粗放式增长方式，从需求入手，因地制宜，抓住问题的主要矛盾和主要方面，积极推动地方经济的发展和社会的进步。

（二）智库专家：政策执行创新的源泉

智库专家是新时代管理体制不可缺少的组成部分，也是国家治理体系与治理能力现代化的重要组成部分，是由各领域专家学者、研究团体等构成。他们长期关注和研究某一领域，以专业视角、才能和智慧，为相关职能部门提供优质方案或优化方案，以解决政府治理难题为主要目标，并为决策者献计献策、提供可行性策略。

目前，智库专家类型非常多元——有官方、半官方、民间的以及国际性的。官方智库一般隶属于政府，不具有独立性，为政府职能部门建言献策；半官方智库一般与政府部门具有协作关系或者对口挂靠关系，并为之提供政策咨询服务；民间智库是由民间发起，一般受基金会、公益组织或企业赞助具有独立性的研究机构；国际智库一般是由不同国家的学者、专家和官员所组成，就某个共同关注的领域和问题为研究对象的国际性政策研究组织，如环境保护、疾病防治、气象服务、人口控制等。要充分集聚并发挥智库专家的专长，提升地方政府社会治理的水平，解决地方政府政策执行中存在的问题，就需要具有社会政策执行的科学理念，俯下身来，听人民之所想，想人民之所急，据此思考问题，研究问题，并提出解决问题的执行方案。因此，智库专家在政策执行中发挥着重要作用，具体如下：

第一，智库专家可对政策执行导向提供指导。政策执行是地方政府进行社会治理的关键环节，既是地方政府实现政策目标的主要方式，也是评估地方政府绩效的重点指标。智库专家的专业知识和智慧对于科学执行政策的作用无疑是巨大的。在政治层面，智库专家通晓国家各项方针政策，其对国家相关政策的解读和分析，是对政策的宣传推广，使民众充分理解国家相关政策的内涵，积极投入国家现代化建设和配合政府的社会治理。可以说，智库专家对政策的解读为政策执行提供了民众支持和便利，同时可提高民众的政治素养，激发民众政治参与的热情，对于多元主体互动、合作、协调提供了重要支撑。智库专家发挥专业特长，积极宣传和普及相关领域专业知识，使公众能够了解相关政策并积极配合政策执行，避免政策执行过程中可能出现的社会问题。智库专家的专业理论和思想为地方政府开展政务提供智力支持和指导，有助于地方政府建立公信力，有利于政策执行过程中对多元主体和资源的有效整合和协同。

第二，智库专家可促进政策对社情民意的关注。智库专家在政策咨询、决策支持、社会引导等方面发挥其独特的作用，智库专家站在人民的立场和角度去发现、分析、解决社会问题。智库专家通过深入了解社会民众的实际困难和需求，通过研究报告、著作等形式向决策层传达社会需求，从而充分顺应民意、民情，照顾民生。另外，智库专家还可以通过借助研讨会、论坛等场合反映群众关注的问题，引起相关部门重视并加以解决。

第三，在精准甄别信息、化解冲突，实现多元主体的协同合作，解决复杂、多元、易变、动态关系民生的社会问题方面，智库专家也扮演了重要角色。智库专家应放眼全球，扎根实际，以全球化视野和本土化视角，以社会公众权益为出发点，以扎实的专业实践能力，为国家出谋划策，为地方建言献策，为民众传达心声，从而使政策更合理，更易贯彻执行，使人民安居乐业、社会稳定繁荣。

（三）社会公众：政策执行的创新支持

不论从政策理论研究层面还是政策实践操作层面，社会公众与政策执行都有着无法分割的联系——社会公众是推动政策执行和创新的力量源泉。因此，就政策执行而言，绝非政府部门单方面的行动，而是建立在充分了解社会公众意愿、需求的基础之上，不断互动、协商，为实现政策目标而努力的过程。社会公众参与政策执行不仅是其积极参与社会公共事务的体现，也是多元化、开放性、参与性、广泛性社会文化的体现。可以说，没有公众的参与，政策执行就难以得到公众的理解、配合和支持。当然，除社会公众外，还有非政府组织等政策执行的参与者。

政治学家戴维·伊斯顿认为，公共政策的本质是社会价值的权威性分配。[①] 这里的社会价值主要指社会利益，就是各利益群体把利益诉求输入政策制定系统，由政策制定主体依据各方利益诉求，对利益关系进行调整的过程。因此，要使政策有效执行并实现目标，就需要紧密联系目标群体，得到其理解和支持。这就需要双方经常沟通、协调，以便政策执行顺利推进。

无论是中央政府制定、推行的政策还是地方法规，都会涉及社会公众或目标群体。政策的目标群体是具有不同思想意识和主观能动性的社会个体，对执行的政策会做出各自不同的反应。有可能是积极地配合参与，也有可能是消极地对待甚至抵制。作为政策执行的参与者，如果政策执行的结果使目标群体的利益受损，政策目标群体可能会做出逆向参与（不予理

① 参见谢明．公共政策（第二版）[M]．北京：中国人民大学出版社，2014.

睬甚至反对抵制）行为，从而对政策有效执行带来负面影响。因此，在推进政策执行过程中，不能忽视群体逆向参与行为并积极做好转化工作。

（四）社会组织：政策执行的创新桥梁

社会组织主要指相对于政党、政府等传统组织形态之外的民间性社会组织，包括社会团体、基金会、民办非企业单位、社会中介组织等。社会团体指按照《社会团体登记管理条例》的规定，由公民自愿组成，为实现会员共同意愿，按照章程开展活动的非营利性社会组织，包括学术性社团、行业性社团、专业性社团和联合性社团；基金会是指按照《基金会管理条例》，利用自然人、法人或者其他组织捐赠的财产，以从事社会公益事业为目的，依法成立的非营利性法人，强调的是社会公众的广泛受益；民办非企业单位是指按照《民办非企业单位登记管理暂行条例》由企业事业单位、社会团体和其他社会力量以及公民个人利用非国有资产举办的，从事非营利性社会活动的社会组织；社会中介组织是指介于政府、企业、社会团体及个人之间，主要从事协调、评估、联系，以独立第三方身份运行的，运用专业技术开展智慧性社会服务的社会组织，在政府和市场间起中间联系作用，是政府、社会、企业、个人之间的沟通桥梁和纽带。

作为社会建设和管理的重要力量，社会组织在政策执行、社会服务和社会和谐维护中发挥重要作用。在政策执行过程中有些问题政府无法介入甚至无法解决时，社会组织可依靠其自身优势，避免政府执行“不到位”的尴尬。社会组织在政策执行中的作用主要如下：

第一，社会组织参与政策执行有利于缓解社会矛盾。社会组织作为参与社会管理和社会服务的重要主体，不仅协助政府与社会民众实现良性互动，提升政府的形象，促进相关政策在基层的贯彻落实；同时，可化解很多政府部门无法解决的问题，扮演了“润滑剂”和“推进器”的作用。通过社会组织，政府、社会、个人构建起沟通协调平台，不仅可调解矛盾，还可预防一些社会风险的发生，为创建“和谐共生”社会奠定基础。

第二，社会组织参与政策执行有利于维护社会秩序。社会组织秉持为民解忧、为政府出力、为社会服务的宗旨，创新了很多解决问题的路径，依靠其独特的运行方式，不仅为政府政策执行提供了借鉴，还将社会成员纳入组织，利于社会成员约束自身行为和自律人格的培养，从而有利于社会秩序的稳定，提升公众的诚信度和社会责任感，并从整体上推进相关政策的落实，为建设民主法治、公平正义、诚信友爱、充满活力、安定有序、人与自然和谐相处的社会环境提供支持。

目前，我国社会组织规模、数量、人员、资金都有了较快发展，在政治、经济、文化、社会、生态文明等各个领域发挥着“生力军”作用。马庆钰、贾西津认为：“以国际社会的发展程度为参照，结合我国的现实可能性，争取平均每万人拥有社会组织 8 个以上，全职雇员人数占经济活动人口比重争取接近 3%即超过 2200 万人，社会工作专业人才数量不少于 145 万人。参照发展中国家平均水平，届时社会组织总支出占 GDP 比重争取不低于 2. 16%即达到 1. 9 万亿元，社会组织服务等所有活动的总增加值占 GDP 比重不低于 1. 2%即达到 1 万亿元，社会慈善捐赠占 GDP 比重不低于 0. 31%即达到 2800 亿元……社会组织在参与和推进社会发展过程中更要坚持正确处理改革、发展、稳定的关系，大胆改革、稳步前行，顶层设计和实践探索相结合，整体推进和重点突破相促进，提高制度改革和政策创新的科学性和有效性。”① 无论是从宏观统筹到微观设计，还是从制度改革到机制创新，从组织领导到贯彻落实，社会组织在未来的具体活动中必须坚守社会组织的初心。既需要与中央和地方政府保持协同，又需要凝聚各方共识，还需要不断创新协调机制，在正确理念的引领下，各职能部门、各系统层级、各社会阶层都要积极主动参与，协同推进、共同创建为实现共同目标而努力的新机制。

（五）政策转换：政策执行的创新路径

政策转换是指在政策执行过程中不断发展、创新、调适与优化政策的过程。尤其是在社会处于转型期的国家，在国家现代化、城乡一体化发展进程中，要确保实现政策的有效性、经济的平稳发展、社会的统筹规划，就必须不断强化政策创新，不断推进社会整合，促进政策执行转换，实现社会政策执行创新。

---

① 马庆钰，贾西津. 中国社会组织的发展方向与未来趋势 [J]. 国家行政学院学报，2015 (4).

1. 建构政策执行激励机制

激励是激发一个人内心的某种动机，激励是组织管理和管理进程中不可或缺的环节，有效的激励可以成为组织蓬勃发展的动力，从而实现组织的各项目标。激励有其独特性，以需要为基点，以需求理论为指导，可以将激励分为不同类型。建构政策执行激励机制，就是通过一套完整、系统的制度来反映政策执行主体、客体之间的相互作用方式。

第一，建立有效的激励机制，转换政策执行主体的思维，推进政策执行模式创新。政策执行创新存在一定的风险和不确定性，这使得很多政策执行者不敢创新，对于政策的认知仅仅停留在完成上级下达的任务层面。在他们看来即便创新成功了，“收益”或成绩未必是自己的，这在一定程度上阻止了一些政策执行者“敢作敢为”“敢为人先”。因此，需要对政策执行者进行激励，要建构一套完整的政策执行创新激励机制，让政策执行者有动力、有意愿去创新，而不是坐享其成。只有健全体制机制，才能激励政策执行主体的创新动力，协调与整合政策主体、政策客体、政策目标等相关因素，提高政策执行主体创新意识，降低政策执行中的不确定性和风险。

第二，培育创新组织。组织具有对人力、物力、财力、信息传播等各项要素进行集合、分散与整合的功能，在一定的层级框架内起到承上启下的作用。经济学认为，有效的组织培育是健全制度的关键，只有健全制度，才能培育敢于转变观念、创新的组织机制和组织环境。为此，要鼓励政策执行主体进行创新试验，从政策上、物质上、精神上支持政策执行主体探索政策执行的新途径、新方法，不断总结政策执行的成功经验与教训。

第三，不断优化政策执行中的路径依赖问题。传统的“自上而下”“自下而上”的政策执行路径已不能完全适合新时期发展的需要，需要对此进行优化，使政策执行深化；在政策执行过程中，要敢于基于科学、严谨、认真的态度去创新，即便付出一些成本，但是随着创新的持续深入，一定会收到成效。因此，政策执行创新就是要克服利益等因素的不利影响，灵活运用各种资源，克服外界压力，提高政策执行效率。

2. 完善沟通协调机制

政策执行结果如何很大程度上取决于沟通与协调的情况。良好的沟通协调是政策执行的动力之一，沟通协调需要借助一些工具、手段和方法。沟通协调主要有组织内部与外部的沟通协调，还有正式与非正式的沟通。组织层级之间的、政府部门之间的沟通协调是信息交流、传递的主要方式。这种组织和部门内部的信息交流与传递便于上级掌握基层情况，了解政策执行的具体进度以及评估，同时有助于相关部门和人员及时解决各种问题。不论采用何种方式，沟通协调的最终目的是使得部门之间、层级组织之间相互支持、合作，从而不断提高政策执行效率。

通常情况下，一项政策的执行要经过行政指令、层级指派、层级传达、宣传讨论、具体实践等环节，每个环节都避免不了沟通协调。在某种程度上，政策执行的成功与否主要看其是否反映了各阶层的利益诉求，是否通过沟通协调得以充分表达。由于政策是代表绝大部分人的利益，有可能部分人不能享受相关利益，因而在政策执行过程中难免会发生某些反应，需要处理和涉及的范围以及社会关系也比较复杂。因此，在政策执行转换中必须协调好各方关系，有计划、有步骤、有目标地灵活采用各种形式，如听证会、发布会、市长热线、群众接待日等，及时发现问题并疏通。

作为政策执行的重要路径，沟通协调的及时、准确决定了政策执行创新的结果，不能因为存在障碍影响政策执行。因此，应该建立一套较为完善的政策执行机制来促进政策的有效达成与创新。首先，建立专业的沟通协调部门。沟通协调的有效性直接决定政策执行的成功与否。为此，要在政策执行组织和成员中达成广泛共识，提高对沟通协调的认识，倡导沟通协调的专业组织化，注重基层与上级之间的信息畅通，使上情下达、下情上传更便利、更专业、更快速。其次，为上下级、平行组织之间建立程序更简洁、沟通更便利、协调更有效的“缓冲带”，使各方利益在此可得到明确表示，通过专业组织的沟通协调来统一思想认识，从而在行动上取得一致。最后，无论采用何种方式，以是否消除了矛盾、化解了危机、达成了一致作为政策执行的重点，以目标结果为导向，寻求最大合力实现政策目标。

3. 优化政策执行环境

在现实情境中，人们关心的是政策如何才能顺利执行，取得预想的效果，或不致与预期目标相差太远。[①] 因此，需要考虑外部环境对政策成功执行、顺利实现目标所发挥的作用。任何一项政策的执行都是基于一个特定的环境，环境对于生态的塑造、环境对于外部因素的反应都会对政策产生重要影响。同样，一项政策必须扎根本土环境，在特定的社会发展环境中制定并执行，政策离开社会发展背景就如"缘木求鱼"般无法实施，然而环境总是变化的。因此，政策执行中需要进一步优化环境，需要加强政策环境建设。

在政策执行中，政府的权威性以及执行队伍的专业化是优化政策环境的关键，化解政策执行主体之间以及政策目标群体之间的矛盾，在合理的范围内取得一致。我国当前处于高速发展时期，面临着一些新的挑战与风险，必须不断提高政策执行能力，提升政府形象和改善外部环境，具体可从以下两个方面着手：

第一，增加财政支持。增加财政支持可以提高政策执行效能，对地方政府政策执行而言尤其如此。

第二，建立专业化政策执行队伍。专业化执行队伍无论是接受能力还是传递信息的能力均有优势，政策的具体落实取决于基层行政组织和人员，基层政策执行者的专业化水平关系政策能否彻底落实。

（六）政策理解：政策执行创新的基础

认知理论认为，理解是人们对事物或者现象进行思考，并对其结构、本质与特征进行解释的心理过程。[②] 对于政策执行而言，政策理解则是政策执行主体为了遵守和执行政策，在大脑中有意识地复制政策方案所传达的信息内容的心理过程。[③] 通过对政策理解的界定，我们发现在政策理解过程中有一个重要的环节——政策沟通，良好的沟通不仅有利于政策理

① 李成贵．政策执行：一个需要纳入学术视野的问题［J］．国家行政学院学报，2000（3）．

② Rui M，Yan L，Yan F. Can government communication facilitate policy understanding toward energy conservation? Evidence from an old industrial base in China［J］．Sustainability，2018（9）．

③ Porumbescu G A，Lindeman M I H，Ceka E，et al. Can transparency foster more understanding and compliant citizens?［J］．Public Administration Review，2017（3）．

解，而且有利于政策执行。有效的政策沟通不仅能够促进公共决策的科学化与民主化，而且还可增进公众对政策目标、内容与工具的理解与支持，是政策顺利实施的关键。“政策理解的对象包括政策目标、内容、规则等所有与政策相关的信息。政策理解是政策得以顺利执行的前提，政策执行者与政策目标群体等利益相关者只有在充分准确理解政策的基础上，才能清楚地知道要达成政策预期目标与规定任务，自己需要做什么、为什么要这样做以及如何做”。①

为了更好地理解和执行政策，一个新的环节——政策培训产生。“政策培训发生在政策执行与政策评估阶段，是指为了确保目标群体正确理解与认知政策文本中涉及的政策工具、专业知识与技术标准，保证政策的有效执行，由政策执行部门向目标群体定期提供的业务指导、监督检查等活动以及政策执行部门与目标群体间就政策落实情况进行信息交流活动的总称。由此观之，这里的‘培训’一词超越了单纯意义上的知识与技能的输入，是一个以实现预期政策目标为结果的信息控制过程，而充分沟通与及时反馈是信息控制的关键”。②“在政策执行阶段，政府部门通过举办政策培训班、政策宣讲会及现场指导等方式将政策实施细则、操作标准、专业措施及技术方法对目标群体进行耐心讲解、现场答疑，强化政策理解；相关部门还可以通过座谈会、经验交流会、工作报告等形式定期向目标群体收集政策执行的信息并给予反馈，及时掌握政策执行中出现的问题与障碍，调整政策执行的具体方式，确保既定政策目标的实现。若沟通中发现目标群体的行为偏离政策目标，则可通过充分接触和交流及时纠偏”。③

经过对政策理解内涵进行进一步挖掘，有学者认为应当从两个方面来理解：“政策理解由客观理解与主观理解两个维度构成。”④“客观理解是指

---

① 李燕，母睿，朱春奎．政策沟通如何促进政策理解——基于政策周期全过程视角的探索性研究［J］．探索，2019（3）．

② 丁煌，汪霞．地方政府政策执行力的动力机制及其模型构建——以协同学理论为视角［J］．中国行政管理，2014（3）．

③ 李燕，母睿，朱春奎．政策沟通如何促进政策理解——基于政策周期全过程视角的探索性研究［J］．探索，2019（3）．

④ Pintrich P R. The role of motivation in promoting and sustaining Self-Regulated learning［J］. International Journal of Educational Research，1999（6）．

政策目标群体对政策益处、政策要求、政策执行成本以及政策实施步骤等信息真正客观上的理解程度。主观理解又称为感知理解，即目标群体对政策信息的自我效能感，用以衡量目标群体对其自身充分理解政策要求以及按照政策规定行动的信心和能力。主观理解构成了自愿遵守政策的动机基础，它有助于将客观理解转化为政策执行的具体行动。”① 政策目标群体对于政策的理解固然重要，但是对于地方政府来说，政策执行人员对于政策的理解不仅关系政策执行过程中的理念、方式、方法，甚至关系与社会公众利益相关的对利益和需求的处理方式。只有政策执行人员真正地理解了政策方案所包含的主要信息，他们才知道如何按照政策规定行事。而对于目标群体来说，主要是直接或间接通过相关媒体或政策执行人员的宣传来理解、了解政策内容，相对比较容易理解政策内容，也更容易融入或参与政策执行。对于政策执行人员和政策目标群体来说，对于政策主观层面的感知理解也很重要，不仅是因为客观理解与主观理解密切相关，而且涉及政策执行过程中灵活性的考量，以及不同个体对于政策内容整体把握的差异性。

最后需要说明的是，政策理解还需要考虑政策本身的属性。因为，不同的政策领域，其政策子系统存在很大的差异，政策子系统中不同的主体会对政策执行带来不同影响。

（七）执行效率：政策执行创新的目标

政策执行的效用如何，根本上取决于政策执行的效率。因为政策在付诸实施以前只是一种存在于观念形态的问题解决方案，政策执行的核心是要将这种观念形态的政策方案变为现实形态并努力达成预期的政策效果。政策执行的效果一般可用效率来衡量，效率越高说明政策执行效果越好；反之，则表明政策执行没有实现预期目标。政策执行效率的高低，受很多因素影响，目标群体、执行人员、执行的难易度、执行的范围等都会影响最终的效率。一般而言，政策涉及的目标群体范围越小，实现目标的可能性就越大；反之，则会增加政策执行的不确定性。对政策执行人员而言，

---

① Bunea A，Thomson R. Consultations with interest groups and he empowerment of executives：Evidence from the European Union［J］. Governance，2015（4）.

需要协调的变量越少，政策目标越容易达成。

如何提高政策执行的效率，是政策执行过程中要考虑的重要问题。在政策执行过程中，不可避免会涉及利益因素。每一项政策都以目标群体利益最大化为目标，但是在政策执行中总会存在某些群体利益受损的情况，这就需要采取政策补偿等措施来弥补或挽救执行中的失误，从而提高政策执行效率。

影响政策执行效率的因素众多，但是根本还在于要完善监督机制，政策执行创新显得尤为重要。无论是政策执行主体还是政策执行客体和对象，都可能存在信息不对称或错误认知，并影响政策执行的最终效率，监督的重要性就显现出来。有必要对政策执行进行监督，而监督的标准就是政策目标的实现，及时发现、收集、整理问题，分析政策执行与政策目标之间的偏差，及时纠正违反政策执行要求或有悖于政策目标的错误行为，以确保政策目标的顺利实现。

（八）信息加工：政策执行创新的媒介

从认知心理学角度来看，信息加工亦即信息处理，是指通过对信息的接收、存储、操作运算和传送，或对存储在信息加工系统中的各种符号结构的操作和处理。在政策执行环节，信息加工意味着运用积极、理性的方式把收集的相关信息转变为政策执行人员和政策目标群体可以理解、易于沟通协调的内容。在政策执行过程中，信息加工具有举足轻重的作用，是实现政策执行创新的重要推手。

从政策执行层面来看，信息加工本身不存在好坏、优劣之分，信息加工的本质在于政策内容整体性向政策目标实现转变，这需要各级政府、智库专家、目标群体、政策执行人员相互协调，准确把握思想与行动中可能存在的偏差，准确定位，客观理性、合理有序地面对问题。

从最终结果来看，信息加工可以有效整合各方资源、打破信息流动壁垒，成为推动政策执行和创新的有效武器。同时，应当理性、辩证地看待信息加工过程中可能产生的负面影响，使信息加工在推动政策执行和创新中实现效应最大化。

综上所述，信息加工可以为各级政府、职能部门和跨域、跨部门组织机构由“科层化”向“扁平化”转变提供必要的信息支持。同时，可以通过信息加工整合不同组织间的信息资源，跨越纵向或横向组织间的信息鸿沟，进行有效决策和执行，尽可能弱化人为因素对政策执行和创新的影响。

（九）执行人员：政策执行创新的保障

政策执行人员是影响政策执行的关键因素，扮演着至关重要的角色，是提高政策执行力的枢纽。在政策执行过程中，政策只有被政策执行人员认识、理解，才能转化为政策执行的具体行动。这就需要政策执行人员首先要充分理解政策，不仅明白上级政府的具体要求，同时要结合实际情况进行具体操作。为此，必须采取措施积极引导和发挥执行人员的主动性和创新性，让政策精神深入政策执行人员的内心，以人民群众的利益最大化为出发点，以顺利实现目标为落脚点。

从结果导向来看，政策执行人员的认识能力、理解能力、思考能力、分析能力、判断能力、组织能力、行动能力、沟通能力、协调能力、交往能力和指挥能力直接决定了政策执行的结果和方向。因此，需要对政策执行人员进行基本的能力培训和政策素养的塑造。政策执行人员理论和政策素养的提高，有助于政策执行人员更好地适应不同的环境和面对不同难题，积极地选用先进的执行工具，或采取积极执行手段、方法、策略来提高政策执行效果。这既依赖于政策制定的合理有效，又依赖于政策执行中政策执行者的态度、立场、方式和手段。反之，思想意识滞后、能力贫乏的政策执行人员因对政策理解不够透彻而使政策执行出现偏差和走样，导致政策执行的失败。

因此，加强政策执行人员的素质和能力培训是一个长期的过程，这是一个强化组织认同、价值认同和价值整合的过程。首先，执行制度建设是规范执行人员行为的必要手段，是制度安排的必然结果。通过规范执行人员行为、提升执行人员素质，凝聚执行人员价值观，不仅可以更好地塑造制度刚性、严肃性和权威性，还可在一定程度上防止政策执行走样。所以，合理、可行的执行制度是规范执行行为的第一步。其次，要加强执行文化建设。一旦根植于一种执行理念的文化体系建立起来，便具有无形的力量，对执行人员的思想和行为产生潜移默化的影响和制约作用，并逐步成为执行人员的自觉行为习惯。良好的执行文化一定要注重“利他”和“道德”价值两个层面，让执行人员充分认识政策执行的重要性，“执行创新”积极性高，执行责任感强，执行态度坚决；合理合规地执行，讲究执行速度、质量、效率和纪律；激活政策执行人员内在责任意识，即始终以最广大人民群众的利益为宗旨，不断推进政策执行。

（十）网络科技：政策执行创新的介质

人类社会的每一次进步，都伴随着科学技术的发展。现代科技的突飞猛进，为社会生产力和人类文明开辟了更为广阔的空间，有力地推动了社会经济的发展。企业层面，高科技促进了工业升级换代；政府层面，高科技为开展政务创新提供了新方式；社会层面，高科技丰富了公众的文化生活。科技的发展进步，不仅为我们提供了广播、电视、电影、录像、网络等传播思想文化的新手段，使精神文明建设有了新的载体；同时，还为丰富人民群众的精神生活，更新社会公众的思想观念，破除封建迷信思想等开启了新的大门。深入政策执行领域，科技的应用和推广，不仅提升了政策执行效率，对政策执行人员而言，还有效避免了人为因素的影响，使政策执行结果更加客观公正，大大缩短政策执行人员与目标群体的距离，使政策执行更具人性化、多样性和可能性。

当今世界俨然已是一个巨型网络。万物互联时代，个体也是网络的一部分。因此，在网络这个新时代，以共进为动力、以共赢为目标，走互信共治之路，让政策执行创新更具生机活力。

近年来，随着大数据、人工智能、5G通信技术快速发展，并与互联网技术深度融合，以阿里巴巴、腾讯等为代表的大型网络平台获得了巨大成功。不仅推动了网络科技的发展，还推动了相关政策领域执行的创新，在数字技术日益成为战略资源的今天，如何利用网络科技来推进政策执行，并进行有效的数字治理，关系到未来政策执行创新的成败。

三、本章小结

本章从政策执行环节入手，结合我国社会治理的发展轨迹，分析政策执行新的发展路径。从"创新"环节审视政策执行，通过政策执行反观"创新"，通过理念创新、条件创新、方式创新和动力创新等方式来推动政策执行的创新，逐步生成和完善以主政官员为政策执行创新中枢、以智库专家为政策执行创新源泉、以社会公众为政策执行创新支点、以社会组织为政策执行创新桥梁、以政策转换为政策执行创新的路径、以政策理解为政策执行创新的基础、以执行效率为政策执行创新的目标、以信息加工为政策执行创新的媒介、以执行人员为政策执行创新的保障、以网络科技为政策执行创新介质的新时代政策执行创新体系。

第六章 总结与展望

一、推进社会政策执行和创新

政策执行和创新不仅关系每一个个体，还关系到企业和地方政府。不仅关系社会发展，还关系各目标群体的切身利益。对个体来说，作为政策的目标群体，通过政策执行可收获实实在在的获得感，从而产生幸福感、满足感。对企业来说，通过政策执行企业可获得支持资源，获得发展契机和平台。对地方政府来说，通过政策执行可获得公众的支持与肯定，获得新的发展机遇。

20 世纪 90 年代以来，创新成为国际社会政策领域的主要特征，通过创新积极发挥政策执行的作用，使政策目标得以变为实践。创新就需要提升组织和政策执行主体的政策素养和能力，更需创新政策执行的理念，这是增强国家竞争力和实现可持续发展的重要一环。

第一，重视政策创新。进入新时代以来，发展不仅需要创新，更要将创新作为常态化的发展策略。政策执行和创新作为社会政策发展进程中的重要一环，我们要深入挖掘和探索政策创新内在机制，进一步深化理解中央政府与地方政府的政策互动过程，精细化处理互动内容，用专业的知识、紧密的配合、完善的机制来推进政策创新，将我国社会政策研究水平整体推向新的高度，为提高社会政策决策和执行水平做出新的贡献。对政策执行创新的内在动力和外在因素要辩证地对待，要清醒地认识政策执行创新，既要看到政策执行创新积极的一面，也要看到其不足和局限性。

第二，寻求政策共识。为了实现高质量发展和高效运行，政策共识是在充分吸纳和整合相关主体意愿诉求基础之上形成的一种集体行动策略。寻求政策共识意味着通过协商和各种策略更好地向政府部门、社会、公众解释和说明当前工作的重要性以及长远的意义，以便政府部门和公众可以接受和理解政策，避免出现政府部门“不买账”、公众“不叫好”的局面。对于社会政策领域来说，尤其需要充分考虑社会、公众对政策的理解能力，保持开放包容的态度，不断提升政策理性，从而促进多元主体相互协商，达成政策共识。

第三，防止路径依赖。社会政策执行过程中出现的路径依赖是由多种因素综合作用的结果，既有政策主体行为习惯的影响，也有利益成分的存在，还有具体社会情境的原因。为了阻止政策执行中的路径依赖，我们需要更新政策执行理念、加强行政伦理建设、加强舆论监督和实施问责制度，改变原有固化的模式，不断形塑政策执行效果，建立健全具有民主意识、法治意识、服务意识和创新意识的政策执行体系。

第四，加强区域协调。区域协调不仅是地区性的，也是世界性的，需要从地缘、政治、经济等因素综合考量。在全球化浪潮之下，世界各国、地区应当相互联系相互影响，不断推动世界向一体化方向发展。目前，社会政策一体化已经成为我国国民经济和社会发展的重要方式，是促进区域协调、平衡发展的重要措施，有利于缩小省际发展差距，促进社会资源的整合，实现共同发展和繁荣。

二、社会政策执行和创新趋向

随着我国经济社会的不断发展和进步，各项制度、体系和规则的不断完善，防范和治理的“执行鸿沟”依然是当前我国社会政策领域政策执行的主要矛盾。对于社会政策执行和创新，需要我们去进一步认识和把握其发展规律，积极推动政策执行创新科学化。政策执行创新作为政策执行主体有目的、有计划、有意识的行为，整个过程必然受到系统内外政治、文化、思想、观念、情感、动机等一系列因素的影响。也就是说，在推进政策执行创新过程中，执行和创新会受到特定政策文化的制约。因此，全面推动政策执行创新，规避政策执行创新非理想状态，需要不断提高政策执行质量，促使政策执行创新不断精进，是国家治理和社会治理现代化的应有之义。

改革开放以来，中国国家治理体系的发展一直备受国内外学者的关注，学者们先后提出“发展型政府”“威权性治理”“行政发包制”“运动型治理”等概念范式来加以描述。这些观点从不同视角出发，揭示了当代中国国家治理体系变革的主要特征，具有较强的理论张力。党的十六大以来，党中央提出要全面均衡发展，着力化解发展中存在的不平衡、不全面问题，但当时的认识和实践局限在经济社会发展层面，提倡区域协调发展事关社会主义现代化建设的全局，事关全面建设小康社会奋斗目标的实现，但并没有上升到国家治理全局的高度。党的十七大以来，党中央指出要真正理顺中央和地方的关系，就必须按照各自事务的分工，设计一个更科学的治理结构。党的十八大以来，着力推进国家治理现代化，习近平总书记提出了一系列创新思想，他指出：“创新是当今时代的重大命题。世界正在经历百年未有之大变局，新一轮科技革命和产业革命迅猛发展。人类面临共同挑战需要各国携手应对，没有一个国家可以成为独立的创新中心，或独享创新成果。创新成果应惠及全球，而不应成为埋在山洞里的宝藏。”① 十八届三中全会对全面深化改革做出总体部署，中央第一次明确将国家治理体系和治理能力现代化作为全面深化改革的总目标正式提出来，反映了我们党对执政、社会主义建设和人类社会发展三大规律的深刻认识。十九大报告关于新时代我国社会主要矛盾已经转化为人民日益增长的美好生活需要和不平衡不充分的发展之间的矛盾的科学论断，将解决不平衡、不充分发展的问题上升到社会主要矛盾和战略全局的高度。十九大报告指出，“我们要在继续推动发展的基础上，着力解决好发展不平衡不充分问题，大力提升发展质量和效益，更好满足人民在经济、政治、文化、社会、生态等方面日益增长的需要，更好推动人的全面发展、社会全面进步”。这与中共十八届三中全会提出“完善和发展中国特色社会主义制度，推进国家治理体系和治理能力现代化”全面深化改革的总目标在逻辑上实现了对接，具有整体性和全局性意义。

总体来讲，从党的十七大、十八大到十九大，有关政府治理、社会治理的论述是不断完善、发展的，当代中国国家治理逻辑和体系建设是今后

① 习近平 2019 年 11 月 22 日出席 2019 年“创新经济论坛”外方代表时的讲话。

中国治理演变、发展的主要方向和轨迹。在党的十七大报告中，特别提到要完善“党委领导、政府负责、社会协同、公众参与”的社会管理格局；党的十八大报告强调，要加快形成“党委领导、政府负责、社会协同、公众参与、法治保障”的社会管理体制；十九大又进一步提出要加强和完善“党委领导、政府负责、社会协同、公众参与、法治保障的社会治理体制”。十八大以来，社会治理的体制机制创新被放在十分突出重要的地位，习近平同志指出：“加强和创新社会治理，关键在体制创新。”十九届四中全会《中共中央关于坚持和完善中国特色社会主义制度推进国家治理体系和治理能力现代化若干重大问题的决定》有关社会治理的重要论述，体现了习近平总书记长期以来关于加强和创新社会治理的重要思想：社会治理“关键在体制创新”“核心是人”“重心必须落在城乡社区”。明确提出要“坚持人人尽责、人人享有，坚守底线、突出重点、完善制度、引导预期，完善公共服务体系，保障群众基本生活，不断满足人民日益增长的美好生活需要，不断促进社会公平正义，形成有效的社会治理、良好的社会秩序，使人民获得感、幸福感、安全感更加充实、更有保障、更可持续”，并特别就“打造共建共治共享的社会治理格局”进行专门部署，提出要“加强社会治理制度建设，完善党委领导、政府负责、社会协同、公众参与、法治保障的社会治理体制，提高社会治理社会化、法治化、智能化、专业化水平”。十九届四中全会首次明确提出了人人有责、人人尽责、人人享有的“社会治理共同体”，这些重要论述为新时代的社会发展和社会治理指明了方向，描绘了蓝图。

对于社会政策的执行与创新来说，要明确执行和创新是为了更好地实现综合性、整体性、可持续性和高质量的治理。

无论是国家治理还是基层社会治理，都离不开政策执行的创新，但是国家治理和基层社会治理之间具有一定的区别，两者需要相互协调。国家治理强调人人均等享有公共物品，基层社会治理则需要在兼顾国家治理的统一性前提下，强调“地方性”特征，执行与创新要兼顾国家、地方和区域的特殊性，三者需相互协调、相互配合、相互制约，以达到兼顾整体性的治理状态（见图6-1），并在特定社会环境中因地制宜地探索治理新模式。

“我国是一个大国，各地情况不同，工作进展也不均衡，党的文件只能就一些大的方针政策进行原则指导，不可能对每一个地方的每一个具体问题都作出详尽的规定。因此，各地在具体执行时，就必须从实际情况出发，把党的政策具体化，真正发挥政策应有的指导作用。那种在贯彻政策中不问实际情况、照抄照转、生搬硬套的做法，看起来态度很坚决，实际上是对党和人民极不负责，消极对抗党的政策的表现。所以，要落实好党的政策，主动性创造性是不可缺的。”① 另外，政策执行创新应坚持以人民为中心、坚持从群众中来到群众中去的群众路线、以民众诉求为导向并以此为内生动力，只有这样才能保证政策执行符合人民群众的根本利益。同时，关注社会公众需求可以有效激发民众参与热情，提升公众的获得感、幸福感和安全感，以更加有效的政策执行创新手段提高国家和地方的治理水平。

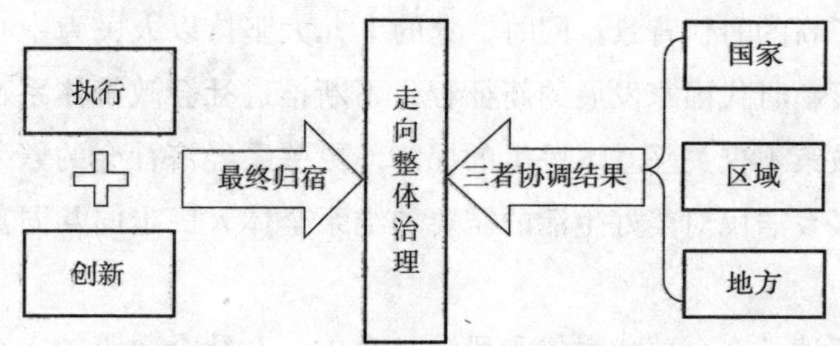

图 6-1　社会政策执行与创新的趋向

三、推进共享发展的社会政策

改革开放以来，我国的政策导向是以经济建设为中心，社会政策则从属于经济政策，在经济建设过程中，虽然经济快速增长，但也存在社会发展失衡等问题。区域间、城乡间、群体间差距扩大。在这个时期，社会政策扮演了服务经济增长的从属地位。从 2003 年开始，社会政策开始从边缘走向中心并发挥积极作用。此后在政府工作报告等重要文献中，有关社会

① 王凡夫．党的一切政策的制定和执行，都要以人民群众的利益为出发点和归宿［J］．前线，1990（5）．

政策的内容所占比重越来越大，地位也越来越高。在这种情势下，社会政策已经成为科学发展、可持续发展和构建和谐社会的关键组成部分。

随着全球化的推进和现代化的深入，社会政策一直伴随经济体制、社会转型而不断发生变迁。在社会政策引领时代的今天，对于社会政策的研究、发展及实践，势必会面临更加复杂的情况、问题。基于我国的社会发展现状，党的十九大会议成功召开是我国社会发展和建设进程中具有划时代意义的一件大事，在这个关键时期，它明确了“中国特色社会主义进入了新时代，这是我国发展新的历史方位”。[①] 指出我国社会主要矛盾已转化为人民日益增长的美好生活需要和不平衡不充分的发展之间的矛盾，确立了坚持新时代中国特色社会主义思想和根据这一思想规划的国家发展基本方略，以及走向富强、民主、文明、和谐、美丽的现代化强国之路与行动纲领，为进一步全面深化改革社会政策和全面建成具有中国特色社会保障体系构筑了新的时代背景。同时，党的十九大坚持以人民为中心的发展思想，开启了新时代国家发展的新征程，不断推进社会政策体系建设。它指明了社会政策不仅关乎基本民生的保障，更关系经济社会的繁荣发展，同时是满足城乡居民对美好生活的需要和维系全体人民走向共同富裕的重大制度安排。

综上所述，在全球化时代和风险社会中，对社会政策的未来思考，既需要经验支持，又需要理念超越。目前，我国社会政策体系尚在不断完善和建设之中，与人民群众全方位的需要还存在差距，需要对新时代社会政策发展方向、目标、特点和走向进行多维度、多视角的思考，并建立可持续发展机制，从而更好更快地促进社会政策制度化，巩固和提升公民福利，从而迈向共享发展的新时代。整体来说，决定未来社会政策走向的，不是来自外部的影响，更多是来自各国自身的政策建构、政策实施和政策行动。不同的国家拥有不同的发展背景、制度供给和“路径依赖”特征，但是世界推进社会政策发展的核心议题不会变化——借助全球化发展趋势更好地造福于社会民众。因此，既需要借鉴和学习别人的经验，也要因地

---

① 习近平．决胜全面建成小康社会，夺取新时代中国特色社会主义伟大胜利——在中国共产党第十九次全国代表大会上的报告［M］．北京：人民出版社，2017.

制宜地制定适合本国的社会政策。

（一）国外社会政策发展取向

西方社会政策起步较早，构建了较为丰富的社会政策理论框架，这为我们建构社会政策体系提供了国际经验。在市场化、社会化、现代化的影响下，市场是否能够解决一切问题值得怀疑，市场失灵再次呼吁人们要建立一种社会保护机制，最大限度降低作为后发国家的风险，中国社会政策的本土化体系建构需要经历一个发展历程，各项体制机制才能逐渐完善。目前，我国社会正处于结构转型阶段，“银色浪潮”（人口老龄化）、城乡分割、城市新贫困群体等新的社会问题出现，这要求我们必须“跑步前进”，在问题复杂化之前以合理、合法的方式解决。为此，我们必须在制度上有所突破，打破传统的思维模式，创新思维去进行社会政策领域的创新，以便发挥社会政策在社会建设和发展中的作用，促进社会和谐发展。

20 世纪 70 年代以来，社会政策领域出现理论多元化、地域多元化、福利多元化、政策周期化和社会整合化趋势。① 同时，伴随社会风险和不确定性的增加，社会政策应该“扩面”发挥更大的作用。社会政策的重点在于对市场经济所带来的严重不公平进行一定程度的弥补，也就是向社会弱势群体进行政策倾斜，即向社会弱势群体提供食物、衣服、金钱、住房以及教育费用和医疗援助等。具体可归纳为以下几点：

第一，理论多元化趋势是指出现了很多学派，对费边主义的福利国家理论提出挑战。福利国家蓝图的设计师、被誉为“福利国家之父”的贝弗里奇就深受费边主义思想的影响。新左派认为福利国家根本无法调和和满足市民的福利需求，新右派认为随着福利的扩张，所有人的需求无法满足，反而容易导致福利依赖问题越来越严重。还有女权主义者认为，男性和女性在福利提供方面存在“性别化”区别。面对理论多元现象，应探寻社会政策新的发展方向，促进社会和谐，建立具有凝聚力的社会关系，形成社会共同体。

第二，地域多元化趋势是指未来社会政策的制定和实施不仅仅与一国

---

① Alcock P.，A. Erskine，et al. The students companion to social policy ［M］. Malden MA：Blackwell Pub. 2003.

政府有关，还可能与国际社会及国际组织等有关。社会政策的地域范围已经从国内扩展到国外，借鉴其他国家的发展成果，以及如何应对地域多元化导致的国际社会政策对国内社会政策的影响成为重要课题。

第三，福利多元化趋势是指福利的提供更加多样化，社会政策将引领社会的发展，经济政策为社会政策提供基础保证，社会政策与经济政策更加协调运行，福利多元化使得原来的“福利国家”变成“福利社会”。[①]

第四，政策周期化趋势指政策从初步产生效果到具有社会效应并逐渐退却的过程。生命周期是指一个人从出生到死亡的整个生命历程中所经历的具有不同经济和社会特征的阶段，按照年龄可以分为儿童期、成年期和老年期等。[②] 政策规范有着特定的对象、严格的范围和时间限定，自诞生至终止全过程中，呈现出一种阶段性周期规律。政策的生命周期大体上可以划分为三个阶段，即初效阶段、全效阶段和失效阶段。[③] 从政府失灵到市场失灵，随着市场经济的不断壮大，市场经济体制的不断完善，“弱政府、强社会”的趋势将越来越明显。在这样的背景下，社会建设显现出新的力量，社会建设将推动社会发展；而社会发展又需要社会治理，社会治理归根结底要走向应对不断出现的社会问题，从而制定和执行新的社会政策。

第五，社会整合化是指创造一个更加友善、具有利他主义精神的社会。社会整合概念于1995年在丹麦首都哥本哈根举行的社会发展世界论坛上被首次提出，在这次论坛上，社会整合被视为未来发展的一个目标，这个目标是创造一个更加有利于全世界人民的社会，使世界各地的公民权利得到保护，人类的生存、发展、自由得到保护，促使人类认识到和平发展的重要性，尊重世界文化的多样性。要消除各种不公平的待遇和社会普遍存在的歧视，使每一个人都有生存和发展的机会。通过社会中每个个体对权利和义务的主张，使社会中每个人都发挥积极的作用，从而使更多的群

---

① 梁祖彬．演变中的社会福利政策思维：由再分配到社会投资［J］．中国社会科学，2004（6）．

② 陈银娥，高思．社会福利制度反贫困的新模式——基于生命理论的视角［J］．福建论坛（人文社会科学版），2011（3）．

③ 郑曙东．政策生命周期论析［J］．政策，1994（3）．

体更好地融入社会。因此，社会整合将更有利于社会共同体的建设，减少排斥、增进社会融合，提高社会的包容度和参与性；将更有利于人类相互理解、加强沟通交流，减少彼此分歧，创造更加平等自由的社会。

第六，整体化治理思想自进入21世纪以来就在西方复兴，近年来受到一批公共管理学者高度重视。英国学者希克斯等在2002年的《迈向整体治理》一书中系统论述了“整体治理”的主张，标志着“整体治理”作为一种全新的治理模式正式诞生。无论是西方学者还是中国学者，都在努力探索一种“善治”之道。这说明学者对国家和社会问题的深刻关切，在进入风险社会，在谋求人类命运共同体过程中人类对一些治理规律共识性认识的形成。综合各国学者的观点，整体化治理也称作整体性治理，是以公民需求为治理导向，以信息技术为治理手段，对治理中出现的碎片化问题进行有机协调和整合，使治理从分散走向集中、从部分走向整体、从破碎走向整体的过程。

（二）中国社会政策的挑战

“2012年底，中央经济工作会议提出‘守住底线、突出重点、完善制度、引导舆论’这条民生工作新思路。在过去七年中，在对新思路的引导上，我国民生工作的发展目标、任务和措施得到进一步明确。总括起来，新时代我国的社会政策更加强调共建共享，更多体现发展型、投资型和授能型的社会政策取向；在工作方式上，更加强调整体性、系统性和协同性。”①

第一，从社会政策目标规划来看，长期以来，我国社会政策缺乏长远规划，社会政策目标定位局限于保障基本生活，维护社会稳定方面。进入新时代发展阶段，社会政策迫切需要通过经济发展和社会进步来提升社会公平价值，提高全体人民群众的获得感、幸福感和安全感。为此，要将重点目标集中在儿童福利、劳动力市场、老年人照护、卫生健康、社区治理、相对贫困、创业就业等方面，从过去以解决贫困为主，向缓解相对贫困和收入保障常态化转变，从而对经济发展起到托底促进作用。

第二，从社会政策行动路径来看，在共建共治共享理念的指导下，我

---

① 贡森，李秉勤. 新时代中国社会政策的特点和走向［J］. 社会学研究，2019（4）.

国的社会政策重心逐渐从强调经济增长转向经济与民生并重，但是目前的社会政策体系依然存在“二元化”和“碎片化”问题，严重制约未来的可持续发展。一些社会政策设计依然沿袭城乡二元分裂思路，迫切需要向城乡一体化方向转变。同时，要转变社会保障方法，要通过社会保险和社会救助两种方式，减缓社会保障和劳动力成本的上升速度，推动社会长期稳定发展。

第三，从社会政策立法进程来看，社会政策立法是一种积极的干预性介入制度。在蒂特马斯看来，“社会政策不是对社会问题的简单回应，而是可以通过一种积极的社会工程角色来创建美好社会的工具”。[①] 近年来，我国在立法层面加快了步伐，《社会保险法》《社会救助暂行办法》《军人保险法》《慈善法》等为相关领域提供了法律依据和保障，推动了社会政策法制化进程。但是，在社会政策立法层面依然存在一些短板，需要不断充实、总结和研究。未来应重点从制度角度来巩固和实现人民共享发展成果，以人民为中心，共享优质教育、就业、医疗、社保等基本公共服务。即便在经济高速发展条件下，社会公共危机和不确定性风险仍会导致“新贫困”。为此，我们依然需要不断推进和深化社会治理改革，构建更为合理的社会治理制度，加快国家治理体系和能力现代化建设。

四、本章小结

本章对社会政策执行和创新这一主题进行了总结。一方面持续推进社会政策执行和创新，需要从重视政策创新、寻求政策共识、防止路径依赖、加强区域协调等方面入手；另一方面全面推动政策执行创新，需要高标准提高政策执行质量，这是国家治理和社会治理现代化的应有之义。社会政策执行和创新在新时代发挥了重要作用，具有重大理论意义，不同区域、不同行业都离不开政策执行和创新的“影子”。通过总结历史经验和社会实践，我们可以看出政策执行和创新的最终归宿是为了实现综合性、整体性、可持续性和高质量发展的治理。

---

① 参见林闽钢．如何理解积极社会政策的当代价值［J］．社会政策研究，2019（2）．

参考文献

一、著作

［1］［韩］吴锡泓，金荣枰．政策学的主要理论［M］．金冬日，译．上海：复旦大学出版社，2005.

［2］［美］保罗·A. 萨巴蒂尔．政策过程理论［M］．彭宗超，钟开斌，译．北京：生活·读书·新知三联书店，2004.

［3］［美］戴维·L. 韦默，［加拿大］艾丹·R. 维宁．政策分析——理论与实践［M］．戴星翼，等，译．上海：上海译文出版社，2003.

［4］［美］罗伯特·K. 默顿．社会研究与社会政策［M］．林聚任，等，译．北京：生活·读书·新知三联书店，2001.

［5］［美］乔治·弗雷德里克森．公共行政的精神［M］．张成福，等，译．北京：中国人民大学出版社，2003.

［6］［美］托马斯·戴伊．自上而下的政策制定［M］．鞠方安，吴忧，译．北京：中国人民大学出版社，2002.

［7］［美］詹姆斯·C. 斯科特．国家的视角——那些试图改善人类状况的项目是如何失败的［M］．王晓毅，译．北京：中国社会科学文献出版社，2011.

［8］［英］艾伦·迪肯．福利视角：思潮、意识形态及政策争论［M］．周薇，等，译．上海：上海人民出版社，2011.

［9］［英］哈特利·迪安．社会政策十讲［M］．岳经纶，温卓毅，庄文嘉，译．上海：上海人民出版社，2009.

［10］［英］H. K. 科尔巴奇．政策［M］．张毅，韩志明，译．长春：吉林人民出版社，2005.

［11］［英］肯·布莱克默．社会政策导论［M］．王宏亮，朱红梅，张

敏，译．北京：中国人民大学出版社，2009.

[12]［英］理查德·蒂特马斯．社会政策十讲［M］．江绍康，译．台北：台湾商务印书馆，1991.

[13]［英］米切尔·黑尧．现代国家的政策过程［M］．赵成根，译．北京：中国青年出版社，2004.

[14]［英］迈克尔·希尔．理解社会政策［M］．刘升华，译．北京：商务印书馆，2005.

[15]［英］迈克尔·希尔，［荷］彼特·修普．执行公共政策［M］．黄建荣，译．北京：商务印书馆，2011.

[16]［英］诺尔曼·金斯伯格．福利分化：比较社会政策批判导论［M］．姚俊，张丽，译．杭州：浙江大学出版社，2010.

[17]［英］皮特·阿尔科克，玛格丽特·梅，凯伦·罗林森．解析社会政策［M］．彭华民，译．上海：华东理工大学出版社，2017.

[18]［英］沙琳．需要和权利资格：转型期中国社会政策研究的新视角［M］．北京：中国劳动社会保障出版社，2004.

[19]［加拿大］R. 米什拉．社会政策与福利政策——全球化的视角［M］．郑秉文，译．北京：中国劳动社会保障出版社，2007.

[20]［印度］阿玛蒂亚·森．以自由看待发展［M］．任赜，于真，译．北京：中国人民大学出版社，2002.

[21] 薄贵利．中央与地方关系研究［M］．长春：吉林大学出版社，1991.

[22] 蔡荣生，吴崇宇．我国城镇住房保障政策研究［M］．北京：九州出版社，2012.

[23] 陈振明．政策科学——公共政策分析导论［M］．北京：中国人民大学出版社，2003.

[24] 丁煌．政策执行阻滞机制及其防治对策［M］．北京：人民出版社，2002.

[25] 丁建定．中国社会保障体系完善研究［M］．北京：人民出版社，2013.

[26] 丁宁宁，葛延风．构建和谐社会 30 年社会政策聚焦［M］．北

京：中国发展出版社，2008.

［27］邓伟志，张钟汝，范明林．社会管理与社会政策：境外公共政策扫描［M］．上海：上海人民出版社，2007.

［28］多吉才让．中国最低生活保障制度研究与实践［M］．北京：人民出版社，2001.

［29］关信平．社会政策概论［M］．北京：高等教育出版社，2004.

［30］桂世勋，黄黎若莲．上海与香港社会政策比较研究［M］．上海：华东师范大学出版社，2003.

［31］黄晨熹．社会政策［M］．上海：华东理工大学出版社，2008.

［32］黄兴文，蒋立红．住房体制市场化改革——成就、问题、展望［M］．北京：中国财政经济出版社，2009.

［33］洪大用．转型时期中国社会救助［M］．沈阳：辽宁教育出版社，2004.

［34］金太军，赵晖．中央与地方政府关系建构与调谐［M］．广州：广东人民出版社，2005.

［35］李迎生．转型时期的社会政策：问题与选择［M］．北京：中国人民大学出版社，2007.

［36］李允杰，丘昌泰．政策执行与评估［M］．北京：北京大学出版社，2008.

［37］兰志勇，孙春霞．实践中的美国公共政策［M］．北京：中国人民大学出版社，2007.

［38］林成．从市场失灵到政府失灵：外部性理论及其政策的演进［M］．长春：吉林大学出版社，2011.

［39］林闽钢．社会保障理论与政策——“中国经验”视角［M］．北京：中国社会科学出版社，2012.

［40］林闽钢，刘喜堂．当代中国社会救助制度：完善与创新［M］．北京：人民出版社，2012.

［41］林闽钢．现代西方社会福利思想——流派与名家［M］．北京：中国劳动社会保障出版社，2012.

［42］林闽钢．中国社会政策［M］．武汉：武汉大学出版社，2011.

[43] 林闽钢．社会政策——全球本地化视角的研究［M］．北京：中国劳动社会保障出版社，2007.

[44] 林闽钢．社会保障国际比较［M］．北京：科学出版社，2007.

[45] 林闽钢．现代社会保障［M］．北京：中国商业出版社，1997.

[46] 林尚立．国内政府间关系［M］．杭州：浙江人民出版社，1998.

[47] 柳拯．社会管理与社会救助论：政策与实务的视角［M］．北京：中国劳动社会保障出版社，2008.

[48] 鲁全．转型期中国养老保险制度改革中的中央与地方关系研究——以东北三省养老保险改革试点为例［M］．北京：中国劳动社会保障出版社，2011.

[49] 莫家豪，岳经纶，黄耿华．变迁中的社会政策［M］．北京：社会科学文献出版社，2013.

[50] 宁国良．社会政策学概论［M］．湘潭：湘潭大学出版社，2010.

[51] 彭华民．西方社会福利理论前沿：论国家、社会、体制与政策［M］．北京：中国社会出版社，2009.

[52] 彭华民．社会福利与需要满足［M］．北京：社会科学文献出版社，2008.

[53] 朴贞子，金炯烈，李洪霞．政策执行论［M］．北京：中国社会科学出版社，2010.

[54] 时和兴．关系、制度、限度：政治发展中的国家与社会［M］．北京：北京大学出版社，1999.

[55] 唐钧．社会政策：国际经验与国内实践［M］．北京：华夏出版社，2001.

[56] 唐钧．博文中的社会政策［M］．北京：社会科学文献出版社，2012.

[57] 童星．创新社会管理［M］．北京：中国社会科学出版社，2012.

[58] 童星，林闽钢．中国农村社会保障［M］．北京：人民出版社，2011.

[59] 童星．社会保障理论与制度［M］．南京：江苏教育出版社，2008.

[60] 童星．社会转型与社会保障［M］．北京：中国劳动社会保障出版社，2007.

[61] 王国红．政策规避与政策创新——地方政府政策执行中的问题与对策［M］．北京：中共中央党校出版社，2011.

[62] 王锡锌．公众参与和行政过程——一个理念和制度分析的框架［M］．北京：中国民主法制出版社，2007.

[63] 王伟奇．最低生活保障制度的实践［M］．北京：法律出版社，2008.

[64] 向玉琼．中国转型期地方政府政策移植研究［M］．北京：中国社会科学出版社，2012.

[65] 谢明．政策透视——政策分析的理论与实践［M］．北京：中国人民大学出版社，2004.

[66] 谢炜．中国公共政策执行中的利益关系研究［M］．上海：学林出版社，2009.

[67] 谢志强．社会政策概论（第二版）［M］．北京：中共中央党校出版社，2017.

[68] 辛向阳．大国诸侯——中国中央与地方关系之结［M］．北京：中国社会出版社，1995.

[69] 徐帮友．中国政府传统行政的逻辑［M］．北京：中国经济出版社，2005.

[70] 徐勇，高秉雄．地方政府学［M］．北京：高等教育出版社，2005.

[71] 熊跃根．社会政策：理论与分析方法［M］．北京：中国人民大学出版社，2009.

[72] 岳经纶，陈泽群，韩克庆．中国社会政策［M］．上海：上海人民出版社，2009.

[73] 岳经纶．社会政策与社会中国［M］．北京：社会科学文献出版社，2014.

[74] 姚建平．中国转型期城市贫困与社会政策［M］．上海：复旦大学出版社，2011.

[75] 杨团，彭希哲．当代社会政策研究Ⅳ［M］．北京：中国劳动社

会保障出版社，2009.

［76］杨团，林卡．当代社会政策研究Ⅵ［M］．北京：中国劳动社会保障出版社，2011.

［77］杨伟民．社会政策导论（第2版）［M］．北京：中国人民大学出版社，2010.

［78］余潇枫，陈劲．浙江模式与地方政府创新［M］．杭州：浙江大学出版社，2007.

［79］朱亦松．社会政策［M］．上海：商务印书馆，1933.

［80］周建民．社会政策：欧洲的启示与对中国的挑战［M］．上海：上海社会科学院出版社，2005.

［81］郑文换．社会政策引论［M］．北京：北京大学出版社，2016.

［82］周飞舟．当代中国的中央地方关系［M］．北京：中国社会科学出版社，2014.

［83］张敏杰．社会政策论［M］．北京：北京大学出版社，2015.

［84］JEFFREY L. P.，AARON B. W. Implementation：How great expectation in Washington are dashed in Oakland［M］. Berkley：University of California Press，1973.

［85］MICHAEL H.，RAMESH M. Studying public policy：Policy cycles and policy subsystems［M］. Oxford University Press，1995.

［86］RANDALL B. R. Policy implementation and bureaucracy［M］. Chicago：Dorsey Press，1986.

［87］RUTH L. Implementing public policy［M］. London：Croom Helm London，1980.

二、论文

［1］白维军．外部性视角下的农村社会养老保险制度：政府责任与模式构建［J］．农村经济，2012（6）.

［2］毕正宇．西方公共政策执行模式评析［J］．江汉论坛，2008（4）.

［3］柴宝勇，周君玉．农村网格化管理政策执行研究——基于政策执行系统理论的实证分析［J］．中国行政管理，2020（1）.

［4］陈国权，周鲁耀．公共决策中的利益冲突及其治理［J］．探索与

争鸣，2012（9）.

［5］陈玲，赵静，薛澜．择优还是折中？——转型期中国政策过程的一个解释框架和共识决策模型［J］．管理世界，2010（8）.

［6］陈喜乐，杨洋．政策执行研究的范式转变［J］．厦门大学学报（哲学社会科学版），2013（1）.

［7］陈宇，孙枭坤．政策模糊视阈下试点政策执行机制研究——基于低碳城市试点政策的案例分析［J］．求实，2020（2）.

［8］程杞国．公共政策制定中中央政府和地方政府的关系［J］．中共福建省委党校学报，2000（3）.

［9］丁煌，吴艳艳．政策执行过程中的隐蔽违规行为及其约束机制探讨［J］．社会主义研究，2012（2）.

［10］丁煌，定明捷．政策执行过程中政府与公众的谈判行为分析——非对称权力结构的视角［J］．探索与争鸣，2010（7）.

［11］丁煌，李晓飞．公共政策执行过程中道德风险的成因及规避机制研究——基于利益博弈的视角［J］．北京行政学院学报，2010（4）.

［12］丁煌，杨代福．政策执行过程中降低信息不对称的策略探讨［J］．中国行政管理，2010（12）.

［13］丁煌，定明捷，吴湘玲．“上有政策、下有对策”的博弈缘由探析［J］．科技进步与对策，2004（7）.

［14］丁煌，定明捷．“上有政策、下有对策”——案例分析与博弈启示［J］．武汉大学学报（哲学社会科学版），2004（6）.

［15］丁晓炯．政策实施过程中的变形——西方20世纪70年代以来有关研究简介［J］．社会科学，2005（10）.

［16］范明林．从社会政策的过程观谈社会政策的价值取向［J］．社会，2002（2）.

［17］冯希莹．社会福利政策范式新走向：实施以资产为本的社会福利政策——对谢若登的《资产与穷人：一项新的美国福利政策》的解读［J］．社会学研究，2009（2）.

［18］傅雨飞．我国政府职能部门的决策参与机制分析——以地域因素为主要考察变量［J］．中国行政管理，2013（4）.

[19] 高建华．公共政策有效执行的政治学分析 [J]．中国行政管理，2006（2）．

[20] 高建华．影响公共政策有效执行的体制因素分析 [J]．学术论坛，2008（12）．

[21] 葛大汇．执行中的中央政策与地方决策机制——以安徽省农村义务教育经费的维持为例 [J]．中国行政管理，2006（3）．

[22] 耿晓婷．利益过滤：政策执行梗阻深层机理分析的新视角 [J]．桂海论丛，2006（6）．

[23] 龚虹波．论公共政策执行中的目标团体不服从现象——以某市出租车司机拒交经营权及有偿使用金为例 [J]．宁波大学学报（人文科学版），2010（2）．

[24] 龚虹波．中国公共政策执行的理论模型述评 [J]．教学与研究，2008（3）．

[25] 龚虹波．执行结构—政策执行—执行结果——一个分析中国公共政策执行的理论框架 [J]．社会科学，2008（3）．

[26] 龚虹波．中国公共政策的执行结构分析 [J]．云南社会科学，2008（1）．

[27] 关信平．论我国新时代积极稳妥的社会政策方向 [J]．社会学研究，2019（4）．

[28] 关信平．改革开放 30 年中国社会政策的改革与发展 [J]．甘肃社会科学，2008（5）．

[29] 关信平．经济全球化、社会不平等与中国社会政策转型——兼论加入 WTO 后的新挑战 [J]．东南学术，2002（6）．

[30] 关信平．社会政策发展的国际趋势及我国社会政策的转型 [J]．江海学刊，2002（4）．

[31] 郭小聪，李洪涛．社会政策执行过程中的合作治理研究——以广州市农村社会养老保险政策为个案 [J]．学术研究，2010（10）．

[32] 郭喜，白维军．开放性协调：欧盟养老保险一体化及启示 [J]．中国行政管理，2013（4）．

[33] 贡森，李秉勤．新时代中国社会政策的特点与走向 [J]．社会学

研究，2019（4）.

［34］顾昕．治理嵌入性与创新政策的多样性：国家—市场—社会关系的再认识［J］．公共行政评论，2017（6）.

［35］贺东航，孔繁斌．公共政策执行的中国经验［J］．中国社会科学，2011（5）.

［36］何汇江．社会政策理论研究综述［J］．许昌学院学报，2006（3）.

［37］何李．我国公共政策执行的负外部性及其治理［J］．学理论，2012（26）.

［38］何艳玲，李妮．为创新而竞争：一种新的地方政府竞争机制［J］．武汉大学学报（社会科学版），2017（1）.

［39］黄晨熹．社会政策概念辨析［J］．社会学研究，2008（4）.

［40］黄晓春，周黎安．结对竞赛：城市基层治理创新的一种新机制［J］．社会，2019（5）.

［41］洪朝辉．论中国城市社会权利的贫困［J］．江苏社会科学，2002（2）.

［42］洪大用．机遇与风险：当前中国的社会政策议程［J］．学术界，2004（2）.

［43］侯志峰．政策联盟的注意力配置、互动策略与社会政策变迁——基于甘肃农村低保政策的分析个案［J］．甘肃行政学院学报，2019（2）.

［44］胡敏洁．社会福利领域中的裁量与规则——基于《城市最低生活保障条例》的分析［J］．浙江学刊，2011（2）.

［45］胡宁生．公共政策执行中公众参与分析［J］．中国行政管理，1999（12）.

［46］胡宁生．中国社会转型中战略变迁的公共政策学解释——西方公共政策非线性过程理论的中国应用［J］．江海学刊，2006（1）.

［47］胡象明．地方政策执行：模式与效果［J］．经济研究参考，1996（J6）.

［48］胡象明．论刘少奇的政策执行思想及其现实意义——兼析“上有政策、下有对策”现象的表现形式及其治理措施［J］．中国行政管理，2001（4）.

[49] 胡象明．论政府政策行为超域效应原理及其方法论意义 [J]．武汉大学学报（人文社会科学版），2000（3）．

[50] 胡象明．论政府政策行为的价值取向 [J]．政治学研究，2000（2）．

[51] 胡象明．政策科学的中国化与理论创新 [J]．北京行政学院学报，2000（1）．

[52] 胡象明．论地方政策的决策模式 [J]．武汉大学学报（哲学社会科学版），1997（2）．

[53] 霍海燕．优化公共政策执行体制的设想 [J]．理论探讨，2002（3）．

[54] 霍海燕．当前我国政策执行中的问题与对策 [J]．理论探讨，2004（4）．

[55] 金东日．政策执行研究论纲 [J]．东方论坛，2004（2）．

[56] 刘东汶，胡象明．政策科学的发展与学科建设 [J]．经济研究参考，1996（J6）．

[57] 刘涛．社会整合与基本公共服务均等化——迈向均衡发展的德国社会政策 [J]．社会政策研究，2017（2）．

[58] 刘亚平．退出选择视角中的地方政府间竞争：两个基本维度 [J]．江海学刊，2006（1）．

[59] 梁芷铭．基层公务员政策执行中的裁量问题探析 [J]．钦州学院学报，2011（2）．

[60] 金太军．重视对公共政策执行的研究 [J]．江苏社会科学，2001（6）．

[61] 景天魁．论中国社会政策成长的阶段 [J]．江淮论坛，2010（4）．

[62] 景天魁．引致和谐的社会政策——中国社会政策的回顾与展望 [J]．探索与争鸣，2008（10）．

[63] 景天魁．社会政策需创新理念 [J]．中国社会保障，2005（3）．

[64] 连维良，吴建南，汪应洛．政府执行力的影响因素及对策 [J]．中国行政管理，2013（4）．

[65] 林海．社会政策实施过程中的行为变迁 [J]．学海，2002（4）．

[66] 林卡，赵怀娟．论生产型社会政策和发展型社会政策的差异和蕴意［J］．社会保障研究，2009（1）．

[67] 林卡．中国社会政策学科的本土发展——以国际社会政策学科的发展经验为视角［J］．探索与争鸣，2008（11）．

[68] 林闽钢，祝建华．我国城市低保家庭脆弱性的比较分析［J］．社会保障研究，2011（6）．

[69] 林闽钢．城市贫困救助的目标定位问题——以中国城市居民最低生活保障制度为例［J］．东岳论丛，2011（5）．

[70] 林闽钢，董琳．欧盟反社会排斥政策探讨［J］．公共管理高层论坛，2006（1）．

[71] 林闽钢，吴小芳．代际分化视角下的东亚福利体制［J］．中国社会科学，2010（5）．

[72] 李春成．价值观念与社会福利政策选择——以美国公共救助政策改革为例［J］．复旦学报（社会科学版），2004（6）．

[73] 李强．推进社会学的社会政策学科建设［J］．社会学研究，2019（4）．

[74] 李迎生．中国社会政策改革创新的价值基础——社会公平与社会政策［J］．社会科学，2019（3）．

[75] 梁祖彬．演变中的社会福利政策思维：由再分配到社会投资［J］．中国社会科学，2004（6）．

[76] 鲁先锋，沈承诚．地方政府核心行动者的行为动机与行为模式研究——以农村建设用地整理政策执行为例［J］．湖北社会科学，2012（8）．

[77] 梅建明．社会发展与社会政策［J］．复旦学报（社会科学版），2004（6）．

[78] 宁国良，李琼．区域利益矛盾协调中的地方政府政策创新［J］．人才资源开发，2007（11）．

[79] 宁国良．论公共政策执行偏差及其矫正［J］．湖南大学学报（社会科学版），2000（3）．

[80] 宁国良．论公共政策执行再决策［J］．湘潭大学学报（社会科学版），2000（2）．

[81] 潘小娟．中央与地方关系的若干思考［J］．政治学研究，1997（3）．

[82] 彭浩然，岳经纶．东莞医改与神木医改：地方社会政策创新的经验与挑战［J］．中山大学学报（社会科学版），2012（1）．

[83] 彭华民．福利三角：一个社会政策分析的范式［J］．社会学研究，2006（4）．

[84] 彭灵灵．社会政策时代智库的价值、影响机制与体系建构［J］．湖北社会科学，2019（3）．

[85] 彭宅文．最低生活保障制度与救助对象的劳动激励："中国式福利依赖"及其调整［J］．社会保障研究，2009（2）．

[86] 彭向刚，程波辉．论行政执行机制创新［J］．甘肃社会科学，2013（6）．

[87] 钱再见．论政策执行中的政策宣传及其创新——基于政策工具视角的学理分析［J］．甘肃行政学院学报，2010（1）．

[88] 钱再见，金太军．公共政策执行主体与公共政策执行"中梗阻"现象［J］．中国行政管理，2002（2）．

[89] 钱再见．论公共政策执行中的偏差行为［J］．探索，2001（4）．

[90] 孙健，田明．中国社会政策结构转型与治理关系重构［J］．天津行政学院学报，2019（6）．

[91] 谭羚燕，娄成武．保障性住房政策过程的中央与地方政府关系——政策网络理论的分析与应用［J］．公共管理学报，2012（1）．

[92] 谭英俊．走向一种有效的公共政策执行模式——基于政策网络理论的启示［J］．内蒙古社会科学（汉文版），2008（4）．

[93] 唐钧．社会政策研究现状与发展趋势［J］．社会科学管理与评论，2004（3）．

[94] 唐钧．最低生活保障制度的研究与探讨［J］．社会学研究，2001（2）．

[95] 唐钧．社会政策的基本目标：从克服贫困到消除社会排斥［J］．江苏社会科学，2002（4）．

[96] 唐燕云，陈方正．货币型补贴与实物型补贴公共住房政策比较

[J]. 探索与争鸣，2009（5）.

[97] 童星. 社会保障的外部风险探析 [J]. 社会保障研究，2010（6）.

[98] 童星，王增文. 农村低保标准及其配套政策研究 [J]. 天津社会科学，2010（2）.

[99] 童星，张海波. 农民工社会政策及其建构 [J]. 社会保障研究，2006（1）.

[100] 童星. 市场竞争中的地方政府政策与制度创新 [J]. 江苏社会科学，1996（4）.

[101] 王国红. 地方政府的政策规避与政策创新辨析 [J]. 政治学研究，2007（2）.

[102] 王诗宗，李鹏. 基层政策执行的创新：自主性建构与合法性叙事 [J]. 治理研究，2019（6）.

[103] 王思斌. 走向发展型社会政策与社会组织建设 [J]. 社会学研究，2007（2）.

[104] 王思斌. 转型中的中国社会救助制度之发展 [J]. 文史哲，2007（1）.

[105] 王思斌. 我国社会政策的弱势性及其转变 [J]. 学海，2006（6）.

[106] 王思斌. 农村社会保障制度建设的政策过程分析 [J]. 文史博览，2005（Z2）.

[107] 王思斌. 当前我国社会变迁中的社会政策 [J]. 中国社会保险，1998（1）.

[108] 王思斌. 我国社会政策的实践特征与社会政策体系建设 [J]. 学海，2019（3）.

[109] 王晓东. 从"社会保障对接条例"到"开放性协调治理"欧盟养老保险区域一体化经验及启示 [J]. 现代经济探讨，2013（12）.

[110] 王印红. 社会管理体制创新中的几个基本问题 [J]. 中国行政管理，2012（5）.

[111] 王玉琼. 政策异变及其解读：以住房政策为例 [J]. 中国行政管理，2007（5）.

[112] 王卓祺，雅伦·获加．西方社会政策概念转变及对中国福利制度发展的启示［J］．社会学研究，1998（5）．

[113] 魏姝．政策类型与政策执行：基于多案例比较的实证研究［J］．南京社会科学，2012（5）．

[114] 魏姝．府际关系视角下的政策执行——对 N 市农业补贴政策执行的实证研究［J］．南京农业大学学报（社会科学版），2012（3）．

[115] 魏姝．政策过程阶段论［J］．南京社会科学，2002（3）．

[116] 蔚超，张钰玉．公共政策执行的机制创新研究［J］．天水行政学院学报，2016（1）．

[117] 巫俏冰．社会政策研究的过程视角——以北京市农村社会养老保险制度为例［J］．社会学研究，2002（1）．

[118] 吴木銮．我国政策执行中的目标扭曲研究——对我国四次公务员工资改革的考察［J］．公共管理学报，2009（3）．

[119] 吴忠民．从平均到公正：中国社会政策的演进［J］．社会学研究，2004（1）．

[120] 吴忠民．公正与社会政策［J］．理论前沿，2002（7）．

[121] 谢庆奎．中国政府的府际关系研究［J］．北京大学学报（哲学社会科学），2000（1）．

[122] 谢新源．执行限塑令需要政策创新［J］．环境经济，2018（15）．

[123] 奚源．简析拆迁政策执行中的基层治理创新——以成都市金牛区曹家巷为例［J］．人民论坛，2014（2）．

[124] 熊跃根．社会政策的比较研究：概念、方法及其应用［J］．经济社会体制比较，2011（3）．

[125] 熊跃根．论转型时期我国福利体制的改革与社会政策的发展［J］．学习与实践，2010（1）．

[126] 熊跃根．论国家、市场与福利之间的关系：西方社会政策理念发展及其反思［J］．社会学研究，1999（3）．

[127] 徐道稳．社会政策过程中的利益表达［J］．学术论坛，2006（7）．

[128] 徐月宾，张秀兰，王小波．国际社会福利改革：对中国社会救

助政策的启示［J］. 江苏社会科学，2011（5）.

［129］徐月宾，刘凤芹，张秀兰．中国农村反贫困政策的反思——从社会救助向社会保护转变［J］. 中国社会科学，2007（3）.

［130］徐月宾，张秀兰．供暖体制改革与社会政策的制度性缺陷［J］. 清华大学学报（哲学社会科学版），2006（4）.

［131］薛澜，陈玲．中国公共政策过程的研究：西方学者的视角及其启示［J］. 中国行政管理，2005（7）.

［132］薛澜，林泽梁．公共政策过程的三种视角及其对中国政策研究的启示［J］. 中国行政管理，2013（5）.

［133］薛立强，杨书文．当代中国政府间纵向关系的变迁：基于三组要素的分析［J］. 山东科技大学学报（社会科学版），2010（1）.

［134］薛立强，杨书文．论中国政策执行模式的特征——以“十一五”期间成功关停小火电为例［J］. 公共管理学报，2011（4）.

［135］闫帅．公共决策机制中的“央地共治”——兼论当代中国央地关系发展的三个阶段［J］. 华中科技大学学报（社会科学版），2012（4）.

［136］严荣．公共政策创新的因素分析［J］. 公共管理学报，2006（10）.

［137］杨代福，丁煌．中国政策工具创新的实践、理论与促进对策——基于十个案例的分析［J］. 社会主义研究，2011（2）.

［138］杨宏山，李娉．政策创新争先模式的府际学习机制［J］. 公共管理学报，2019（2）.

［139］杨立雄．从人道到人权：穷人权利的演变［J］. 湖南师范大学学报，2003（5）.

［140］杨立雄．中国城镇居民最低生活保障制度的回顾、问题及政策选择［J］. 中国人口科学，2004（3）.

［141］杨团．社会政策研究中的学术焦点［J］. 探索与争鸣，2007（11）.

［142］杨团．当代社会政策何为?［J］. 中国社会保障，2007（10）.

［143］杨团．社会政策研究范式的演化及其启示［J］. 中国社会科学，2002（4）.

[144] 杨团. 社会政策的理论与思索 [J]. 社会学研究，2000 (4).

[145] 杨伟民. 社会政策研究的开放性和挑战性 [J]. 中国人民大学学报，2004 (2).

[146] 杨伟民. 社会政策与公民权利 [J]. 江苏社会科学，2002 (3).

[147] 杨英顺，陆小成. 论公共政策执行中的参与型政治文化建设 [J]. 株洲工学院学报，2005 (2).

[148] 叶托，薛琬烨. 在执行中规划：软性社会政策的政策规划模式——以 Z 市全民公益园建设为例 [J]. 中国行政管理，2019 (1).

[149] 尹新瑞. 当前我国托底社会政策的缘起、内涵与建构方略 [J]. 理论与现代化，2019 (3).

[150] 游海疆. 一种解读政策执行的新视角——从政策执行博弈模型进行的分析 [J]. 理论与改革，2006 (2).

[151] 喻月慧. 迎接社会政策时代：社会理论的作用 [J]. 社会政策研究，2019 (2).

[152] 郁建兴. 中国的公共服务体系：发展历程、社会政策与体制机制 [J]. 学术月刊，2011 (3).

[153] 郁建兴，何子英. 走向社会政策时代：从发展主义到发展型社会政策体系建设 [J]. 社会科学，2010 (7).

[154] 郁建兴，黄亮. 当代中国地方政府创新的动力：基于制度变迁理论的分析框架 [J]. 学术月刊，2017 (2).

[155] 郁建兴，黄飚. 当代中国地方政府创新及其新进展——兼论政府间关系的重构 [J]. 政治学研究，2017 (5).

[156] 岳经纶. 建构“社会中国”：中国社会政策的发展与挑战 [J]. 探索与争鸣，2010 (10).

[157] 岳经纶，翁慧怡. 地方最低生活保障制度研究：广东的案例 [J]. 社会保障研究，2009 (2).

[158] 岳经纶. 中国社会政策 60 年 [J]. 湖湘论坛，2009 (4).

[159] 岳经纶. 社会政策学视野下的中国社会保障制度建设——从社会身份本位到人类需要本位 [J]. 公共行政评论，2008 (4).

[160] 岳经纶，张孟见. 社会政策视域下的国家与家庭关系：一项实

证分析［J］. 重庆社会科学，2019（3）.

［161］曾毅，李月军. 政策执行过程中的否决点问题——以煤炭安全生产管理为例［J］. 中国行政管理，2013（2）.

［162］张林军，陆小成. 论政治文化对公共政策执行的影响、障碍及其创新［J］. 廊坊师范学院学报，2004（3）.

［163］张敏杰. 社会政策及其在我国社会经济发展过程中的取向［J］. 浙江社会科学，1999（6）.

［164］张秀兰，徐月宾，张玉荣. 社会政策创新与中国的策略选择［J］. 江苏社会科学，2007（4）.

［165］赵成根. 转型期的中央和地方［J］. 战略与管理，2000（3）.

［166］郑秉文，孙婕. 社会保障制度改革的一个政策工具：目标定位［J］. 中央财经大学学报，2004（8）.

［167］朱广忠. 中国社会全面转型期的政策走向［J］. 理论探讨，1999（3）.

［168］朱广忠. 我国地方政府有效执行中央政策的若干问题［J］. 中国行政管理，1999（12）.

［169］朱广忠，朴林. 影响地方政府有效执行中央政策的因素分析［J］. 理论探讨，2001（2）.

［170］朱亚鹏，丁淑娟. 政策属性与中国社会政策创新的扩散研究［J］. 社会学研究，2016（5）.

［171］竺乾威. 地方政府的政策执行行为分析：以拉闸限电为例［J］. 西安交通大学学报（社会科学版），2012（2）.

［172］朱水成. 政策执行的中国特征［J］. 学术界，2013（6）.

［173］周国雄. 地方政府政策执行主观偏差行为的博弈分析［J］. 社会科学，2007（8）.

［174］周雪光，练宏. 中国政府的治理模式：一个“控制权”理论［J］. 社会学研究，2012（5）.

［175］周雪光，练宏. 政府内部上下级部门间谈判的一个分析模型——以环境政策实施为例［J］. 中国社会科学，2011（5）.

［176］周雪光. 权威体制与有效治理：当代中国国家治理的制度逻辑

[J]. 开放时代，2011（10）.

[177] 郑长旭．行为恰当、执行沟通与制度化：地方政府创新的可持续研究［J］．中国行政管理，2020（1）.

[178] RICHARD F. E. Backward mapping：Implementation research and policy decisions［J］. Political Science Quarterly，1979-1980，94（4）.

[179] RICHARD F. E. Organizational models of social srogram implementation［J］. Public Policy，1978，26（2）.

[180] THOMAS B. S. The policy implementation process［J］. Policy Sciences，1973，4（2）.

关键词索引

后 记

“两句三年得，一吟泪满襟”，此句最能概括笔者当下的感受。在写作本书期间，一场疫情袭扰了全国。疫情之下如何治理，疫情过程中举国动员，“生命重于泰山，疫情就是命令，防控就是责任”。但同时社会上有形形色色不实传言。因而，社会政策如何发挥作用成为笔者深入思考的一件事，新冠病毒感染疫情引起的突发公共卫生事件警醒我们，必须重视优化社会政策执行体制机制。虽然学术界已明确我们已经进入社会政策时代，但是当下我们的社会政策离社会政策时代的要求还有很大的距离。

通过电视、网络等各种媒介，我们经常会接收到一些惊心的消息，但事后往往会被证实并不是我们所想的那样。由此可见，社会治理是一项系统工程，需要方方面面的介入。这次疫情再一次提醒我们，普及、宣传、学习社会政策相关理念和知识的重要性；同时也说明我们的社会政策研究，还有很长的路要走。作为从事基础理论研究的我们还需“咬定青山不放松”，坚持坐“冷板凳”，还有更加艰巨的任务要完成；要让“利他惠民”思想成为内心的自发追求，投身于社会政策的制定、执行和创新建设当中。在这次疫情防控过程中，浙江省为我们树立了一个榜样，在很多地方值得我们学习和反思。浙江省从省委“一把手”到基层社区积极筹划、执行，从“精准防控”到“精密智控”，科学精准、分级分类，不笼而统之，不搞一刀切，这些都是执行过程中的利他主义，体现了地方政府政策执行创新的能力，即一切从人民需求出发，从细微之处着眼。

本书最终能够出版，得益于多方面的大力支持。

首先要感谢挚友曹爱军教授，我们共事多年，交往甚欢，他给予了我很多学术和生活上的指导，并资助了本书的出版费用。

其次要感谢学校各级领导和同事，他们给予了我很多无私的关心和照顾。

再次要感谢我的家人，父母和妻子为我承担了很多，哥嫂亦时常帮我照看孩子。正是他们的任劳任怨和无私付出，我才有时间和精力完成本书的写作。当然，孩子也给我带来了无限欢乐与幸福，没有他们本书还将延期。

最后要感谢学界前辈和同行对我的关心和支持。尽管当面请教和交流的机会不多，但庆幸在通信发达的今天常常可以收到多位前辈、专家、同行通过邮件和微信等方式对一个后进晚辈、愚钝学友的关怀和关爱，为此常感激于心。

写作中行文难免枯涩，常有文难尽兴、词难达意之感。著书本是艰难之事，于我而言更是新手上路，刚刚开始。笔者只是表达了一些对社会政策研究的粗浅理解，难免有疏漏之处，恳请读者朋友不吝赐教，批评指正。最后，衷心感谢中国经济出版社及责任编辑对本书出版所做的工作。是为记。

2020年初春于省身斋